붓다의 말씀
Buddhavacanam

붓다의 말씀
Buddhavacanam

냐나틸로카 스님 엮음 I 김재성 옮김

고요한소리

The Word of the Buddha

An Outline of the Teaching of the Buddha
in the Words of the Pāli Canon

Compiled, translated and explained by
NYANATILOKA
16th ed. 1981

Buddhist Publication Society
Kandy·Sri Lanka

Sabbe sattā bhavantu sukhitattā

모든 존재가 행복하기를

(숫따니빠아따 Sn 145)

내가 가르치는 것은 괴로움과 그 괴로움의 소멸이다

독일어로 처음 출판된 《붓다의 말씀》은 부처님의 모든 가르침에 대한 최초의 엄밀한 체계적인 해설이었습니다. 여기서 말하는 부처님의 가르침의 범위는 빠알리*Pāli* 삼장 가운데 경장經藏 *Sutta-piṭaka*에 실린 부처님의 말씀을 말합니다.

불교를 이제 막 알고자 하는 입문자들에게 이 책은 첫 번째의 입문서 역할을 잘 해오고 있다고 생각하고는 있지만, 이 책은 이미 불교의 중요한 개념을 어느 정도 알고 있는 독자들에게, 불교의 모든 내용을 포함하고 있는 '네 가지 고귀한 진리[四聖諦]'의 틀 안에서 분명하고, 간략하며 믿을 만한 가르침의 요점을 제공하려는 것이 주요 목적입니다. '네 가지 고귀한 진리[四聖諦]'란 다름 아닌 (모든 존재들에 내재되어 있는) '괴로움의 진리', '괴로움의 발생의 진리', '괴로움의 소멸의 진리', '괴로움

7

의 소멸에 이르는 길의 진리'를 말합니다. 이 책 자체를 보면, 부처님의 모든 가르침이 궁극적으로 괴로움에서의 해탈解脫이라는 마지막 목적에 초점이 맞추어지고 있음을 볼 수 있을 것입니다. 이 때문에 독일어판의 초판본 표지에 《증지부Aṅguttara Nikāya》의 다음 말씀이 소개되어 있었습니다.

"내가 가르치는 것은 괴로움과 그 괴로움의 소멸이다."

빠알리 원전에서 번역된 경전들은 경장經藏을 구성하고 있는 5부 니까야에서 선택한 것들입니다. 여기 소개된 경전은 하나의 내용이 전체와 연결되는 방식으로 모아지고 설명되어 있습니다. 따라서 편자 자신을 위한 안내서와 방향설정을 위해서 여러 경전에서 모아진 이 책은, 불교를 공부하는 학생들을 위한 신뢰할 수 있는 안내서가 될 것입니다. 아울러 경전에 대한 전체적이며 명확한 포괄적인 식견을 얻으려는 독자들은 이 책을 봄으로써 여러 빠알리 원전을 직접 읽어야 하는 수고로움을 덜게 될 것입니다. 그리고 이 책을 읽음으로써 독자들은 불교를 공부하는 동안에 만나게 될 상세한 교리 내용들도 함께 이해할 수 있으리라 생각합니다. 이 책에는 불교의 중요한 용어에 대한 정의와 설명이 빠알리어와 함께 제시되어 있기 때문에 불교를 공부해 나가면서 늘 곁에 두고 참고할 수 있는 안내서가 될 것입니다.

이 책은 1906년에 처음으로 독일어판이 나온 이후, 영어 초판은 1907년에 나왔으며, 학생들을 위한 요약판(Colombo, 1948, Y.M.B.A.)과 미국판(Santa Barbara, 1950, J. F. Rowny Press)을 포함해서 10개 판본이 출판되어 왔습니다. 이 가운데에는 미국에서 출판된 드와이트 갓대드(Dwight Gaddard)의 《불교성전Buddhist Bible》에 실린 것도 포함되어 있습니다.

계속해서 판을 거듭해 온 독일어판 이외에 불어, 이태리어, 체코어, 핀란드어, 러시아어, 일본어, 힌디어, 벵갈어, 스리랑카어로 번역되었습니다. 이 책에 번역되어 실린 글들의 빠알리어 원전은 싱할라 문자로 저자에 의해 1914년 Sacca-Sangaha라는 이름으로 출판되었습니다.

지금 출판하는 11판은 전체 내용을 개정하였습니다. 도입부(불·법·승佛法僧, 삼보三寶와 오계五戒에 대한 해설)와 보충 설명이 몇몇 경전과 함께 추가되었습니다.

냐나틸로카 합장

14판 서문

불교 해설서의 표준인 이 소책자의 저자이신 냐나틸로카 스님께서는 1878년 태어나서 1957년 5월 28일, 향년 79세에 입적入寂하셨습니다. 지금 출판하는 새 판은 스님의 입적 10주년을 추도하면서 내는 것입니다.

스님께서 입적하시기 전에, 12판이 된 이 책의 개정판이 스리랑카 불자협의회(Buddhist Council of Ceylon; Lanka Bauddha Mandalaya)에서 출판한《불교의 길*The Path of Buddhism*》에 포함되어 있었습니다. 12판은 이전 판을 바탕으로 해서 사소한 부분만 수정되었습니다.

1959년의 제13판을 시작으로, 이전의 출판사인 Sāsana dhāra Kantha Samitiya의 친절한 동의하에 이 책을 불자출판협회Buddhist Publication Society에서 발행하게 되었습니다.

이 14판과 함께 본 협회에서는 이 책에 번역된 빠알리 경전의 원문을 로마자로,《*Buddha Vacanam(The Word of the Buddha*의 빠알리어)》이라는 제목으로 출판했습니다. 이 빠알리어판은 빠

알리어를 공부하는 학생들의 독본으로 사용할 수 있으며, 또한
이미 빠알리어 같은 불교 고전어에 익숙한 분들이 의미를 깊게
음미하면서 매일 읽을 수 있는 책이 되리라 생각합니다.

1967년 12월, 캔디에서

불자출판협회
Buddhist Publication Society

깨침을 향한 발심수행의 계기가 되기를

진리를 조리에 맞게 말로 표현한 것은 법法 *dhamma*이며 법을 문자로 정리한 것은 경전이라 합니다. 경전은 부처님께서 설하신 진리의 말씀이며, 이 말씀은 참되고 바르게 살아가기 위해서 필요한 가르침입니다.

《붓다의 말씀*The Word of the Buddha*》은 독일 태생 냐나틸로카 스님께서 불교의 핵심이 되는 가르침을 빠알리어 경전에서 가려 뽑은 책입니다. 이 책은 이미 여러 나라 말로 번역되어 약 100여 년 동안 지구촌의 많은 사람들에게 부처님의 가르침을 전했습니다. 늦게나마 정원거사가 한국어 번역을 내게 되어 퍽 다행이며 진심으로 환영합니다. 평소에 초기불교의 수행법에 대한 남다른 관심과 열의를 가지고 있었기에 이처럼 유익한 책을 독자들에게 소개하게 되었다고 생각합니다. 각주에 역자의 친절한 보충설명은 독자들의 이해를 도울 것입니다.

 이 책의 특징은 일반 불교교리서와는 달리 원전자료인 빠알리 경전에 근거하여 핵심교리와 수행체계를 재구성했다는 점입니다. 이 작은 지면 속에 부처님의 근본 가르침에 대한 사상적 체계뿐만 아니라 실천체계까지도 잘 정리해 놓았습니다. 특히 사성제四聖諦와 팔정도八正道의 실천체계를 중심으로 삼법인三法印, 연기설緣起說, 오온설五蘊說 등의 교리체계를 통합적으로 설명하고 있어 초기불교의 수행 지침서로서도 적합합니다. 팔정도 중에 일곱 번째와 여덟 번째 덕목에 해당하는 정념正念과 정정正定을 설명하기 위해 〈대념처경大念處經〉, 〈염신경念身經〉 그리고 〈안반수의경安般守意經〉 등을 포함시킨 것을 봐도, 이 책의 전체적인 구성의 초점 역시 초기불교의 수행법에 맞추어져 있음을 알 수 있습니다.

 이 책은 한 번 읽고 덮어두는 책이 아닌, 생활 속에서 수행정진하면서 늘 곁에 두고 거듭 참고할 수 있는 수행지침서입니다. 이 책을 통해 많은 사람들이 부처님의 근본 가르침을 바르게 이해하여 깨침을 향한 발심수행의 계기가 되기를 바랍니다.

불기 2545(2001)년 동안거 결재일
彌山學人 현광 합장

13

빠알리 문헌 약어

본서에서 사용된 빠알리 문헌에 대한 약어는 기본적으로
《비평적 빠알리사전 *Critical Pāli Dictionary*(CPD)》1권의 후기
(https://cpd.uni-koeln.de/intro/vol1_epileg_abbrev_texts)를 따랐
다. 빠알리 문헌은 PTS판을 기본으로 사용하였고, 미얀마 6
차결집 전자판인 CSCD 4.0 (http://www.tipitaka.org)도 참조하
였다.

AN 《*Aṅguttara-Nikāya* 增支部》, PTS (Morris & Hardy), Vols.
  I-VI, 1885~1910.

Dhp 《*Dhammapada* 法句經》, PTS (O. von Hinüber & K.R.
  Norman) 1994.

DN 《*Dīgha-Nikāya* 長部》, PTS (T.W. Rhys Davids & J.E.
  Carpenter), Vols . I-III, 1890~1911. Rep. 1966~1976.

MN 《*Majjhima-Nikāya* 中部》, PTS (V. Trenckner, Chalmers,
  C.Rhys Davids), Vols. I-IV, 1888~1925.

Paṭis 《*Paṭisambhidā-magga* 無碍解道》, PTS (Taylor), Vols. I-II,
  1905~1907. Combined Rep. 1979.

SN 《*Saṃyutta-Nikāya* 相應部》, PTS (M.L. Feer), Vols. I-VI,
    1884~1904. Rep. 1960~1976.

Vism 《*Visuddhimagga* 淸淨道論》, PTS (C. Rhys Davids), Vols.
    I-II, 1920~1921. Reprinted in one vol., 1975.

《장부》(DN)와 《중부》(MN)는 경명과 경 번호, 《상응부》(SN)
경의 전거는 상응과 경 번호, 《증지부》(AN) 경은 모음과 경 번
호 사용

① 《相應部》 56:11. 〈如來所說〉 SN V 422~423〉는 PTS판 《상
   응부》 56 (진리상응):11경, 5권, 422~423쪽 의미함.
② 〈Dhp 200〉 PTS판 《법구경》 게송 200.

차 례

1장. 서문

1. 삼보三寶 – 불·법·승佛法僧

붓다[佛]

붓다 또는 깨달은 분 ― 어원적 의미는 '아는 사람' 또는 '깨친 사람' ― 이라는 명칭은 인도의 성자, 고타마라는 분에게 주어진 존경의 뜻이 담긴 이름이다. 고타마는 세상에 불교라는 이름으로 알려져 있는 해탈의 법을 발견하고 세상 사람들에게 선포한 분[1]이다.

고타마 붓다는 기원전 6세기, 카필라바투라는 곳에서 석가족을 다스리던 왕의 아들로 태어났다. 카필라바투는 현재 네팔 국경 지역에 위치하고 있었다. 그의 이름은 싯다타였고, 종족의 성은 고타마(산스크리트어로는 가우타마)였다.

---

1 초기불교에서 말하는, 성문聲聞 제자들은 갖추지 못한, 붓다만이 지닌 여섯 가지 지혜[六不共智 cha-asādhāraṇa ñāṇa]가 있다. ① 중생들의 기능[五根: 信·精進·念·定·慧]에 대한 앎 indriyaparopariyatte ñāṇa ② 중생들의 개별적인 성향과 잠재된 번뇌에 대한 앎 sattānaṃ āsayānusaye ñāṇa ③ (물과 불의 상반된) 두 현상을 동시에 보여주는 앎[雙神變智 yamakapāṭihīre ñāṇa ④ 대비정大悲定의 앎 mahākaruṇā samāpattiyā ñāṇa ⑤ 일체지一切智 sabbaññuta ñāṇa ⑥ 무장애지無障㝵智 anāvaraṇa ñāṇa.《無㝵解道》〈大品〉「智論」Paṭisambhidamagga, Mahāvagga ñāṇa- kathā, Paṭis I 3, 158ff., 참조.

그는 29세 때 왕자로서의 호화로운 삶과 왕족의 신분을 버리고 출가하여, 일찍이 알고 있었던 괴로움의 세계, 이 고해苦海의 세계에서 벗어나는 길을 찾아 집 없는 고행자가 되었다. 여러 종교의 스승들의 가르침을 배우면서 그리고 결실 없는 고행을 하면서 보낸 6년의 구도생활 끝에, 그는 마침내 가야(현재의 보드가야)의 보리수 아래에서 완전한 깨달음sammā sambodhi을 얻는다. 45년 동안 지칠 줄 모르고 법을 설하고 가르침을 편 후, 세상 사람들의 안녕과 행복을 위해 이 세상에 출현하셨던, 무지[無明]를 벗어버리신 그분께서는 마침내 80세를 일기로 쿠시나라에서 입멸入滅하신다.

붓다는 신神도 아니며 신의 예언자나 화신化身도 아니다. 오히려 그분은 자기 자신의 노력을 통해서 궁극적인 자유[解脫]와 완전한 지혜를 얻어서 천신天神과 인간들 가운데에서 견줄 이 없는 스승[無上師]이 된 최상의 인간[2]이다. 그분이 걸었고 보여준 그 길을, 목적지에 이를 때까지 실제로 따라감으로써 인간들

---

2 초기불전에 의하면 붓다의 덕에는 9가지가 있다. 북방불교에서는 무상사와 조어장부가 둘로 나뉘어 여래如來 십호十號로 알려져 있다. "세존bhagavā은 공양 받을 만한 분[阿羅漢 arahaṁ]이며, 완전히 깨달으신 분[正等覺者 sammāsambuddho]이며, 지혜와 실천을 갖추신 분[明行足 vijjācaranasampanno]이며, 최상의 행복인 열반에 잘 도달하신 분[善逝 sugato]이며, 세간을 아시는 분[世間解 lokavidū]이며, 위없는 조어장부[無上調御丈夫 anuttaro purisadamma-sārathi]이며, 천신과 인간의 스승[天人師 satthā deva-manussānam]이며, 깨달으신 분[佛 buddho]이며, 존귀한 분[世尊 bhagavā]이다."

이 스스로 자기 자신을 구원해 내는 방법을 보여주었다는 의미
에서만 그분은 '구원자'이다. 붓다가 얻은 지혜와 자비의 완전한
조화를 통해서 그분은 보편적이면서 영원한, 완성된 인간의 이
상을 구현하셨다.

담마[法]

담마는 그 전체가 붓다가 발견하고, 깨닫고, 선포한 해탈에의
가르침이다. 이 담마는 고대 인도어의 하나인 빠알리어로 기록
되어 전해져 내려오고 있으며, 경經·율律·론論, 삼장三藏의 형식
으로 보존되어 있다.

율장이란, 승단의 질서에 대한 규범들을 내용으로 하는 계
율의 모음집이다. 경장이란, 여러 가지 법문, 대화, 게송, 이야기
등으로 구성되어 있고, 네 가지 고귀한 진리[四聖諦]로 요약될
수 있는 교리를 다루고 있는 설법의 모음집이다. 논장이란, 경
장의 가르침을 아주 체계적으로 그리고 철학적인 형태로 정리
한 철학서의 모음집이다.

담마는 계시의 교설이 아니라, 실재實在에 대한 분명한 앎을
바탕으로 한 깨달음의 가르침이다. 담마는 인생의 근본적인 사
실에 대해 다루고 있고, 마음의 정화淨化와 통찰의 지혜를 향

한, 인간 자신의 노력을 통해서 획득되는 자유에 대해 다루고 있는, 네 가지 고귀한 진리[四聖諦]에 대한 가르침이다. 우리는 담마에서, 고상하지만 현실적인 윤리의 체계와 인생을 꿰뚫어 보는 분석력, 심오한 철학 그리고 마음을 다스리는 실제적인 방법 등을 얻을 수 있다. 간단히 말하자면, 모든 것을 갖춘, 종합적이며 완벽한, 해탈에 이르는 길에 대한 안내를 얻을 수 있다. 감성과 이성의 요구에 답하면서 그리고 무익하고 파괴적인 온갖 극단적 사고와 행위를 극복하도록 이끌어주는, 자유로운 중도中道를 제시하면서, 담마는 지금도 그리고 앞으로도 항상, 시간의 한계를 넘어서 보편적인 호소력을 지니게 될 것이다. 바로 그 메시지의 참된 가치를 이해하는 데 충분히 성숙한 마음과 정신을 지닌 사람들이 있는 곳이라면 어디서나 이러한 호소력을 지닐 것이다.[3]

---

3 담마의 특성 가운데 하나로 '시간의 한계를 넘어서 보편적인 호소력을 지닌다'는 말은 경전에서 '시간을 지체하지 않고akāliko'라는 표현으로 제시되어 있다. 이는 법dhamma의 여섯 가지 덕목 가운데 하나이다. 불교의 목적인 깨달음[道와 果]과 괴로움이 완전히 소멸된 열반은 시간을 지체하지 않고 체험된다는 의미이다. 즉, 올바른 수행을 하면, 그 결과로 수타원에서 아라한에 이르는 깨달음과 열반이 시간을 지체하지 않고 체험된다는 것이 법이 지니고 있는 덕목의 하나이다. 법에는 다음 여섯 가지 덕목이 있다. ① 잘 설해져 있음svākkhāto, ② 지금 이곳에서 스스로 볼 수 있음sandiṭṭhiko, ③ 시간을 지체하지 않음akāliko, ④ 와서 보라고 할 수 있음ehipassiko, ⑤ 열반으로 이끌어 줌opanayiko, ⑥ 현명한 사람에 의해서 직접적으로 체험됨paccattaṃ veditabbo viññūhi. 법의 여섯 가지 덕목은 붓다의 아홉 가지 덕목과 상가의 아홉 가지 덕목 등과 함께 초기경전의 여러 곳에서 설해진다. 예를 들면 다음과 같다. DN II 93, MN I 37, SN I 9, AN I 149.

상가[僧]

상가의 원래 문자 그대로의 의미는 모임 또는 공동체이다. 불교에서 상가의 의미는 비구와 비구니, 즉 걸식하는 승려들의 승단僧團으로 붓다에 의해 만들어졌다. 이 상가는 미얀마, 태국, 스리랑카, 캄보디아, 라오스, 치타공(벵갈) 등에서 원래의 형태대로 지금도 존재하고 있다. 불교의 상가는 자이나 승려들의 승단과 함께 세계에서 가장 오래된 수행자의 집단이다. 붓다 당시 가장 명성이 높았던 제자들이 있었는데, 그 가운데 사리풋타는 스승의 바로 뒤를 따르는 수제자로서, 담마에 대해서 가장 깊은 통찰력을 지니고 있었다. 목갈라나는 신통력에 있어서 가장 뛰어났으며, 아난다는 헌신적으로 스승의 시중을 든 제자로서 항상 붓다를 모셨다. 마하카사파는 붓다께서 열반에 드신 직후, 라자가하[王舍城]에서 열린 제1차 결집을 이끈 제자이며, 아누룻다는 천안통天眼通을 지녔으며, 마음챙김[正念] 수행의 대가였다. 라훌라는 붓다의 아들이었다.

상가는 해탈이라는 인생의 최고 목적을 실현하기 위해 삶 전체를 바치려고 진지하게 바라는 사람들에게 세속적인 번거로움의 장애가 없는, 가장 좋은 조건을 제공해 준다. 따라서 이 상가 역시 사람들이 종교적으로 향상되어 종교적인 성숙에 이르고 있는 곳이라면 어느 곳이든지, 보편적으로 시간을 넘어서서 중

요하다.[4]

---

4 상가의 특성을 보여주는 상가에 대한 예경문은 다음과 같다.

    잘 수행하신 세존의 성문 상가*Supaṭipanno Bhagavato sāvaka saṅgho*. 올곧게 수행하신 세존의 성문 상가*Ujupatipanno Bhagavato sāvaka saṅgho*. 바르게 수행하신 세존의 성문 상가*Ñāyapatipanno Bhagavato sāvaka saṅgho*. 여법하게 수행하신 세존의 성문 상가*Sāmīcipatipanno Bhagavato sāvaka saṅgho*. 그분들은 바로 네 쌍의 사람들, 여덟 부류의 사람들입니다*Yad idaṃ cattāripurisayugāni aṭṭha-purisa-puggalā*. 이 세존의 성문 상가는 마땅히 공양 받을 만한 분들이며, 마땅히 대접받을 만한 분들이며, 마땅히 보시 받을 만한 분들이며, 합장하여 공경할 만한 분들이며, 위없는 세상의 복밭입니다*Esa Bhagavato sāvaka saṅgho. āhuneyyo, pāhuneyyo, dakkhiṇeyyo, añjalikaraṇīyo, anuttaraṃ puññakkhetaṃ lokassā ti*.

2. 세 의지처[三歸依]

붓다·담마·상가는, 그 비할 수 없는 청정함 때문에 그리고 불교도들에게 있어서 세상에서 가장 귀중한 대상이기 때문에 '세 가지 보배[三寶 ti-ratana]'라고 불린다. 불교도들이 삼보를 자신들의 삶과 사유의 안내자로서 받아들인다는 것을 공언하고 다시금 확인한다는 말을 통해서, 이 세 가지 보배는 불교도들의 '세 가지 의지처 또는 피난처[三歸依]'가 된다.[5]

다음의 빠알리어로 된 삼귀의는 붓다 당시와 여전히 똑같은 형식으로 암송되고 있다.

붓당 사라낭 갓차아미 *Buddhaṃ saraṇaṃ gacchāmi* [6]

---

5 세 가지 의지처, 피난처, 피신처를 토대로 삼아 궁극적으로 자신을 의지처, 피난처, 피신처로 만드는 것이 부처님의 가르침이다. 이것이 자귀의自歸依 법귀의法歸依의 정신이다.

6 스리랑카에서 12세기에 지어진 재가불자들의 실천도를 위한 지침서인 *Upāsakajanālaṅkāra*에는 *gacchāmi*의 뜻을 세 가지로 설명하고 있다. 즉, ① 가까이하다, 친근하다*bhajāmi*. ② 따르다*sevāmi*. ③ 존경하다*parirupāsāmi*. 따라서 '간다'라는 의미의 *gacchāmi*라는 말은 이러한 세 가지 의미를 가진 말로 불·법·승, 삼보를 존경하는 마음으로 가까이 하여 자신의 의지처(피난처, 피신처)로 삼

담망 사라낭 갓차아미 *Dhammaṃ saraṇaṃ gacchāmi*

상강 사라낭 갓차이미 *Saṅghaṃ saraṇaṃ gacchāmi*

나는 부처님을 의지처(피난처)로 하겠습니다.(歸依佛)

나는 가르침을 의지처(피난처)로 하겠습니다.(歸依法)

나는 승단을 의지처(피난처)로 하겠습니다.(歸依僧)

이 삼귀의를 세 번 암송*하는 간단한 행위를 통해서 우리는 스스로 불교도임을 천명한다.

* 두 번째와 세 번째 암송할 때는 두띠얌삐*Dutiyampi*(두 번째도), 따띠얌삐 *Tatiyampi*(세 번째도)라는 말을 각 문장의 앞에 붙인다.

───────

는다는 의미라고 이해할 수 있다. 삼보를 의지처로 하는 것은 〈대반열반경〉(DN II 100) 등에서 말하는, 법과 자기를 섬*dīpa*과 의지처*saraṇa*로 하기 위한 가장 기본적인 전제가 된다.

3. 오계五戒

삼귀의를 마친 다음, 보통은 다섯 가지 윤리적 규범[五戒
pañca-sīla]을 지니게 된다. 오계를 지니는 것은 예의 바른 삶과
해탈을 향해 더욱 나아가기 위한 초석을 믿드는 데 필요한, 최
소한의 잣대가 된다.[7]

1. 나는 살아있는 생명을 해치지 않는다는 계를 지니겠습니다.
   pāṇātipātā veramaṇī-sikkhāpadaṃ samādiyāmi(不殺生)

2. 나는 주어지지 않은 것을 취하지 않는다는 계를 지니겠습니다.
   adinnādānā veramaṇī-sikkhāpadaṃ samādiyāmi(不偸盜)

3. 나는 잘못된 성행위를 하지 않는다는 계를 지니겠습니다.
   kāmesu michacārā veramaṇī-sikkhāpadaṃ samādiyāmi(不邪淫)

4. 나는 잘못된 말을 않는다는 계를 지니겠습니다.
   musāvādā veramaṇī-sikkhāpadaṃ samādiyāmi(不妄語)

5. 나는 정신을 혼미하게 하는 곡주나 과일주를 먹지 않는다는
   계를 지니겠습니다.

---

7 오계는 인간의 품위를 유지하기 위한 기본적이며 필수적인 조건으로 항상
   자율적으로 지켜야 하는 규범[常戒]이다.

surāmeraya-majja-pamādaṭṭhānā veramaṇī-sikkhāpadaṃ
samādiyāmi(不飮酒)

2장.
네 가지 고귀한 진리 - 사성제四聖諦

존귀한 분[世尊],
공양 받을 만한 분[阿羅漢],
완전히 깨달으신 분[正等覺者],
그분께 경배합니다.

Namo Tassa Bhagavato Arahato
Sammāsambuddhassa

세존께서 다음과 같이 말씀하셨다.

비구들이여, 네 가지 고귀한 진리를 알지 못하고, 깨닫지 못했기 때문에 나와 그대들은 그렇게 오랫동안 이 윤회의 굴레에서 헤매야만 했다.

그 네 가지란 무엇인가.

비구들이여, 괴로움의 고귀한 진리를 알지 못하고, 깨닫지 못했기 때문에 나와 그대들은 그렇게 오랫동안 이 윤회의 굴레에서 헤매야만 했다. 비구들이여, 괴로움의 발생의 고귀한 진리를 … 괴로움의 소멸의 고귀한 진리를 … 괴로움의 소멸에 이르는 고귀한 길의 진리를 알지 못하고, 깨닫지 못했기 때문에 나와 그대들은 그렇게 오랫동안 이 윤회의 굴레에서 헤매야만 했다.

《長部》16〈大般涅槃經〉DN II 90.

비구들이여, 이 네 가지 고귀한 진리에 대해 '있는 그대로의 앎과 봄[如實知見 yathābhūtaṃ ñāṇadassanaṃ]'이 나에게 아주 분명하지 않았더라면, 비구들이여, 나는 천신, 마라[魔], 범천梵天, 사문과 바라문, 인간, 천인天人의 세계에서, 위없는 완전한 깨달음[無上正等覺]을 깨달았다고 공언하지 않았을 것이다. 하지만 비구들이여, 이 네 가지 고귀한 진리에 대해서 '있는 그대로의 앎과 봄'이 나에게 아주 분명하게 되었기 때문에, 비구들이여, 나는 천신, 마라[魔], 범천梵天, 사문과 바라문, 인간, 천인天人의 세계에서, 위없는 완전한 깨달음을 깨달았다고 나는 공언했다.

《相應部》56:11 〈如來所說〉 SN V 422~423.

심오하며, 보기 어렵고, 깨닫기 어렵고, 고요하며, 수승하며, 단순한 논리적 사유로는 얻을 수 없는atakkāvacaro, 현자들에 의해서 이해되는 이 법을 나는 증득하였다. 하지만 세간 사람들은 감각적 욕망ālaya에 머물러, 감각적 욕망에 집착하고, 감각적 욕망을 즐기고 있다. 감각적 욕망에 머물러, 감각적 욕망에 집착하고, 감각적 욕망을 즐기고 있는 이러한 세간 사람들은 이 법, 즉 '이것을 조건으로 하고 있음[此緣性 idampaccayatā]', '조건에 의존된 발생[緣起 paṭicca-samuppādo]의 법'을 이해하기 어렵다. 또한 이 법, 즉 모든 형성[行 saṅkhārā]의 소멸[8], 모든 윤회의 뿌리upadhi[9]를 끊어버리는 것, 갈망[渴愛]의 소멸, 탐욕의 버림[離欲], 멸滅, 열반을 이해하기 어렵다.(라고 생각하시며 설법을 주저하시자 범천 사함빠띠가 이렇게 말했다)

'세존께서는 법을 설하셔야 합니다. 선서善逝께서는 법을 설하셔야 합니다. 때가 덜 낀 중생들이 있는데 법을 듣지 못하면 타락하게 됩니다. (그들에게 법을 설하시어) 법을 아는 이들이 되게끔 하소서.'[10]

《中部》26〈聖求經〉MN I 167~168.

---

8 모든 형성[行]의 소멸은 sabba-saṅkhāra-samatho라는 말의 번역이다. 조건에 의해서 생겨났다가 사라지는 현상을 의미하는 상카라가 완전히 소멸한 상태를 의미하는 말로 열반의 동의어이다.

9 모든 윤회의 뿌리는 빠알리어로 sabba-upadhi이다. 여기에서 upadhi라는 용어를 냐나틸로카 스님은 '윤회의 모든 기반'(every substratum of rebirth)으로 번역하였다. 이 용어의 원의原義는 그 위에 무엇인가 놓여 있는 것, 기초, 기반, 토대이다. 이 용어는 객관적인 의미와 주관적인 의미를 가지고 있다. 객관적인 의미로는 소유물possessions이나 재산belongings을 뜻하며, 주관적인 의미로는 이러한 소유물에 대한 집착, 애착을 뜻한다. upadhi와 같은 의미를 내포하고 있는 용어로 taṇhā갈망, ādāna집착, kāmā(감각적 욕망이나 그 대상)가 있다.

10 부처님은 범천 사함빠띠의 설법 권청을 들으시고 세계를 둘러보니 사람들 가운데는 선한 사람, 나쁜 사람, 가르치기 쉬운 사람, 어려운 사람 등 여러 부류가 있음을 보시고, 이 가운데 법을 펴서 제도할 수 있는 사람들도 있다고 판단하여 설법을 결심하셨다.

1. '괴로움'의 고귀한 진리[苦聖諦]

'괴로움'의 고귀한 진리의 정의

비구들이여, 괴로움의 고귀한 진리란 무엇인가. 태어남[生]은 괴로움이며, 늙음[老]도 괴로움이며, [병도 괴로움이고] 죽음[死] 도 괴로움이며,[11] 슬픔, 비탄, 고통, 비애 그리고 절망도 괴로움 이며, 원하는 것을 얻지 못하는 것도 괴로움[求不得苦]이며, 싫 어하는 대상과 만나는 것도 괴로움[怨憎會苦]이며, 좋아하는 대 상과 헤어지는 것도 괴로움[愛別離苦]이다.[12] 간단하게 말해서 (인간을 구성하고 있는) 다섯 가지 집착된 무더기가 괴로움[五取 蘊苦]이다.[13]

---

11 생·로·병·사의 괴로움은 인간의 실존적인 괴로움으로 고고苦苦, 즉 본래적인 괴 로움을 말한다. [병도 괴로움이다*vyādhi pi dukkhā.*]는 DN II 305〈대염처경〉(PTS)에는 괄호 속에, SN V 421-20〈전법륜경〉에는 본문에 나와 있다.

12 이 세 가지 괴로움은 심리적, 정신적인 괴로움으로 괴고壞苦, 즉 좋은 상황이 변할 때 경험하는 괴로움이라고 할 수 있다.

13 오취온고는 오온 자체가 조건에 의해 존재하기 때문에 괴로움이라는 측면과 그 오온에 대한 집착이 괴로움이라는 측면으로 이해할 수 있다. 근원적인 괴로움 인 조건에 의존되어 있는 괴로움, 즉 행고行苦를 말한다. 본서 54쪽 주24 참조.

비구들이여, 태어남[生]이란 무엇인가. 생명 있는 존재들이 이런 저런 유정有情의 세계에 태어나는 것, 태어나진 상태, 지각이 생겨나는 것, 존재의 영역에 들어오는 것, 다섯 가지 무더기[五蘊]의 생겨남, 여섯 가지 감각기관[六根]의 발생 등, 비구들이여, 이것을 태어남이라고 한다.

비구들이여, 늙음[老]이란 무엇인가. 생명 있는 존재들이 이런 저런 유정有情의 세계에서 늙어 가는 것, 나이를 먹는 것, 허약해지는 것, 흰머리가 생기는 것, 피부에 주름살이 생기는 것, 생생한 기운이 쇠잔해지는 것, 감각기관들의 기능이 떨어지는 것 등, 비구들이여, 이것을 늙음이라고 한다.

비구들이여, 죽음[死]이란 무엇인가. 생명 있는 존재들이 이런 저런 유정有情의 세계를 떠나 소멸하는 것, 파괴되는 것, 사라지는 것, 죽음, 일생의 종결, 다섯 가지 무더기[五蘊]의 해체, 생명기관[命根]의 끊어짐 등, 비구들이여, 이것을 죽음이라고 한다.

비구들이여, 슬픔이란 무엇인가. 이런 저런 손실과 고통스러운 일들과 부딪치므로 생겨나는 슬픔, 걱정, 놀람, 내적인 슬픔, 내적인 재난 등, 비구들이여, 이것을 슬픔이라고 한다.

비구들이여, 비탄이란 무엇인가. 어떤 사람이 이런 저런 손실과 고통스러운 일들 때문에 울부짖고 비탄해하면서 재난과 비탄의 상태에 빠져 있는 것을, 비구들이여, 비탄이라고 한다.

비구들이여, 고통(육체적 고통)이란 무엇인가. 육체에서의 고통, 육체의 불쾌감, 육체에 의한 접촉에서 감수感受되는 불쾌한 느낌을, 비구들이여, 고통이라고 한다.

비구들이여, 비애(悲哀, 정신적 고통)란 무엇인가. 정신에서의 고통, 정신의 불쾌감, 정신에 의한 접촉에서 감수感受되는 불쾌한 느낌을, 비구들이여, 비애라고 한다.

비구들이여, 절망이란 무엇인가. 이런 저런 손실과 고통스러운 일들과 부딪치므로 생겨나는 실의, 절망, 실의에 빠져있는 상태, 절망에 빠져 있는 상태를, 비구들이여, 절망이라고 한다.[14]

비구들이여, 원하는 것을 얻지 못하는 괴로움[求不得苦]이란 무엇인가. 태어나게 되어 있는 중생에게 다음과 같은 바람이 있다고 하자. '아, 태어남의 고통을 받지 않았으면. 더 이상 (윤회의 바다에) 태어나지 않았으면.' 늙음[老], 병듦[病], 죽음[死], 슬픔, 비탄, 고통, 비애 그리고 절망이 닥쳤을 때, '아, 이러한 괴로움을 받지 않았으면. 더 이상 이러한 괴로움들이 생겨나지 말았으면.' 하는 바람이 생길 것이다. 하지만 단순히 구하고 바란다고 해서 문제가 해결되는 것은 아니다. 비구들이여, 이것이 원하는 것을 얻지 못하는 괴로움이다.

---

14 구부득고求不得苦 앞에 싫어하는 대상과 만나는 것도 괴로움[怨憎會苦]이며, 좋아하는 대상과 헤어지는 것도 괴로움[愛別離苦]이 추가된 경전도 있다. (SN V 421, Vin I 10)

비구들이여, 간단하게 말해서 (인간을 구성하고 있는) 다섯 가지 집착된 무더기가 괴로움[五取蘊苦]이다. 다섯 가지 집착된 무더기란 무엇인가. 그것들은 색취온色取蘊, 수취온受取蘊, 상취온想取蘊, 행취온行取蘊, 식취온識取蘊을 말한다.

《長部》 22 〈大念處經〉 DN II 305~307.

다섯 가지 무더기[五蘊]

비구들이여, 과거의 것이거나, 현재의 것이거나, 미래의 것이거나, 내부의 것이거나 외부의 것이나, 거칠거나 미세하거나, 높이 있거나 낮게 있거나, 멀거나 가깝거나, 그 어떠한 물질[色]도 물질[15]의 무더기[色蘊]라고 한다.

이와 마찬가지로, 과거의 것이거나, 현재의 것이거나, 미래의 것이거나, 내부의 것이거나 외부의 것이거나, 거칠거나 미세하거나, 높이 있거나 낮게 있거나, 멀거나 가깝거나, 그 어떠한 느낌[受]도 느낌[16]의 무더기[受蘊]라고 한다.

이와 마찬가지로, 과거의 것이거나, 현재의 것이거나, 미래의

---

15 2판까지 '물질적 현상'으로 번역했던 색色을 '물질'로 개정한다. '물질적 현상'은 '물리적 세계의 현상'이라는 뉘앙스가 있기 때문에 보다 넓은 의미로 사용되는 '물질'이 더 적합하다고 생각해서이다.
16 '감수작용'으로 번역했던 수受는 '느낌'으로 개정한다.

것이거나, 내부의 것이거나 외부의 것이거나, 거칠거나 미세하거나, 높이 있거나 낮게 있거나, 멀거나 가깝거나, 그 어떠한 지각[想]도 지각[17]의 무더기[想蘊]라고 한다.

이와 마찬가지로, 과거의 것이거나, 현재의 것이거나, 미래의 것이거나, 내부의 것이나 외부의 것이나, 거칠거나 미세하거나, 높이 있거나 낮게 있거나, 멀거나 가깝거나, 그 어떠한 형성[行]도 형성[18]의 무더기[行蘊]라고 한다.

이와 마찬가지로, 과거의 것이거나, 현재의 것이거나, 미래의 것이거나, 내부의 것이나 외부의 것이나, 거칠거나 미세하거나, 높이 있거나 낮게 있거나, 멀거나 가깝거나, 그 어떠한 의식[識]도 의식[19]의 무더기[識蘊]라고 한다.

《中部》109〈滿月大經〉MN III 16~17.

* 이 다섯 가지 무더기는, 붓다께서 존재의 물질적, 정신적인 모든 현상을 다섯 가지로 분류해 놓은 것이다. 이 가르침은 특히 자아 또는 인간에 대하여 무지한 사람들을 위한 것이다. 따라서 위에서 살펴본 태어

---

17 '지각작용'으로 번역했던 상想은 '지각'으로 개정한다. 상想에는 지각 이외에도 관념, 개념, 통각 등의 의미도 있다.

18 '형성작용'으로 번역했던 행行은 '형성'으로 개정한다. '지음'으로 번역하기도 한다. 이 용어는 번역하기 가장 어려운 단어 가운데 하나이다. 의지적 형성, 업 형성[kamma formation], 조건에 의해 생겨난 현상, 신·구·의身口意의 의지적 행위 등을 의미하는 용어이다.

19 '의식작용'으로 번역했던 식識도 '의식'으로 개정한다.

남, 늙음, 죽음 등의 괴로움은, 실제로 세계 전체를 이루고 있는, 이 다섯 가지 무더기에 해당하는 것들이다.

물질의 무더기[色蘊]

비구들이여, 물질의 무더기란 무엇인가. 그것은 네 가지 근원적인 요소[四大]와 그것들로부터 파생된 물질들[四大所造色]이다. 네 가지 근원적인 요소[四大]란 무엇인가. 땅의 요소[地界], 물의 요소[水界], 불의 요소[火界], 바람의 요소[風界]를 말한다.

* 일반적으로 지·수·화·풍으로 불리는 네 가지 요소는 각 물질의 기본적인 성질(개별적인 특성)이라고 이해해야 한다. 이 네 가지는 비록 다양한 강도의 차이는 있지만, 모든 물질적인 대상들 속에 존재한다. 예컨대, 지의 요소가 우위를 차지하고 있으면, 그 물질적인 요소를 '딱딱함'이라고 한다.[20]

네 가지 근원적인 요소[四大]로부터 파생된 물질들[四大所造色]은 아비담마[論書]에 의하면, 다음의 24가지 물질적인 현상과 성질로 되어 있다. 즉, 눈, 귀, 코, 혀, 몸, 형체나 색깔[色], 소리, 냄새, 맛, 남성의 기

---

20 네 가지 요소는 땅의 요소[地界 paṭhavī-dhātu], 물의 요소[水界 apo-dhātu], 불의 요소[火界 tejo-dhātu], 바람의 요소[風界 vāyo-dhātu]이다. 땅의 요소란, 딱딱함, 부드러움이라는 개별적인 특성이 있다. 물의 요소[水界]의 개별적인 특성은 유동성과 응집성이다. 불의 요소[火界]는 뜨거움과 차가움이 개별적 특성이다. 바람의 요소[風界]의 개별적 특성은 몸의 움직임, 동작, 떨림 또는 지탱해주는 힘이다. 본서 135쪽 사념처의 신념처 – 네 가지 요소에 대한 관찰과 관계있다.

관, 여성의 기관, (육체의) 생명력, 정신의 육체적인 기반(심장토대), 육체적 표현(몸짓), 언어적 표현(말), 공간, 몸의 경쾌함, 몸의 무거움, 몸의 적응성, 몸의 성장, 몸의 지속, 늙음, 무상함, 영양분이 그것들이다. 특히, 육체의 접촉[觸]은 이상의 24가지 가운데 하나로 간주되지 않는다. 왜냐하면, 육체의 접촉[觸]은 압력, 차가움, 열기, 통증 등을 통해서 인지될 수 있는 딱딱함[地], 열기[火], 움직임[風]의 요소와 동일시되기 때문이다.

(1) 비구들이여, 땅의 요소[地界]란 무엇인가. 내적인 것과 외적인 것의 땅의 요소를 말한다. 내적인 땅의 요소란 무엇인가. 어떤 사람이든지 그 사람의 육체에는 업에 의해 얻어진 땅의 요소가 있다. 즉, 머리카락, 체모, 손발톱, 이, 피부, 살, 힘줄, 뼈, 골수, 신장, 심장, 간장, 횡격막, 비장, 위장, 창자, 장간막, 대변 등등을 내적인 땅의 요소라고 한다. 이처럼 자신의 내부에 있든지, 외부에 있든지, 땅의 요소를 아울러 땅의 요소라고 한다.

그리고 '이것은 나의 것이 아니다*n'etam mama*. 이것은 나가 아니다*n'eso'ham asmi*. 이것은 나의 자아가 아니다*na m'eso attā*.'[21]라고, 있는 그대로 알고 보아야 한다[如實知見].

---

21 색·수·상·행·식의 오온(육체와 마음 또는 물질과 정신), 이것은 나의 것(나의 소유물)이 아니다(this is not mine), 이것은 나가 아니다(this is not me), 이것은 나의 자아(영혼)가 아니다(this is not my soul) 즉, 오온은 나의 소유물이 아니고, 나 자신도 아니고, 나의 영혼(*atman*)도 아니라는 의미이다. 오온과 자아를 연관시킬 수 있는 세 가지 선택지 모두를 부정하여, 오온은 무아임을 말하는 가르침이다. 본서 47~51쪽 참조.

(2) 비구들이여, 물의 요소[水界]란 무엇인가. 내적인 것과 외적인 것의 물의 요소를 말한다. 내적인 물의 요소는 무엇인가. 어떤 사람이든지 그 사람의 육체에는 업에 의해 얻어진 물의 요소가 있다. 즉, 담즙, 가래, 고름, 피, 땀, 지방, 눈물, 피부의 기름기, 침, 콧물, 관절의 지방, 소변 등등을 내적인 물의 요소라고 한다. 이처럼 자신의 내부에 있든지, 외부에 있든지, 물의 요소를 아울러 물의 요소라고 한다.

그리고 '이것은 나의 것이 아니다. 이것은 나가 아니다. 이것은 나의 자아가 아니다.'라고, 있는 그대로 알고 보아야 한다.

(3) 비구들이여, 불의 요소[火界]란 무엇인가. 내적인 것과 외적인 것의 불의 요소를 말한다. 내적인 불의 요소는 무엇인가. 어떤 사람이든지 그 사람의 육체에는 업에 의해 얻어진 불의 요소가 있다. 즉, 열기를 받거나, 더워지거나, 뜨거워지거나 할 때 또는 먹고, 마시고, 씹고, 맛보고 한 음식을 완전히 소화시켰을 때의 열기가 내적인 불의 요소라고 한다. 이처럼 자신의 내부에 있든지, 외부에 있든지, 불의 요소를 아울러 불의 요소라고 한다.

그리고 '이것은 나의 것이 아니다. 이것은 나가 아니다. 이것은 나의 자아가 아니다.'라고, 있는 그대로 알고 보아야 한다.

(4) 비구들이여, 바람의 요소[風界]란 무엇인가. 내적인 것과 외적인 것의 바람의 요소를 말한다. 내적인 바람의 요소는 무엇인가. 어떤 사람이든지 그 사람의 육체에는 업에 의해 얻어진 바람의 요소가 있다. 즉, 위로 올라가고 아래로 내려오는 움직이는 힘(바람), 위장과 장 속에 있는 움직이는 힘, 사지에 스며있는 움직이는 힘, 들숨과 날숨(호흡) 등을 내적인 바람의 요소라고 한다. 이처럼 자신의 내부에 있든지, 외부에 있든지, 바람의 요소를 아울러 바람의 요소라고 한다.

그리고 '이것은 나의 것이 아니다. 이것은 나가 아니다. 이것은 나의 자아가 아니다.'라고, 있는 그대로 알고 보아야 한다. 목재와 골풀과 갈대와 진흙을 재료로 해서 만들어진 한정된 공간을 오두막이라고 부르듯이, 뼈와 힘줄과 살과 피부를 재료로 해서 형성된 한정된 공간을 '육신'이라고 부른다.

《中部》 28 〈象跡喩大經〉 MN I 184ff.

느낌의 무더기[受蘊]

비구들이여, 세 가지 종류의 느낌이 있다. 즉, 즐거운 느낌[樂], 괴로운 느낌[苦], 즐겁지도 괴롭지도 않은 느낌[不苦不樂]이 그것이다.

《相應部》 36:1 〈三昧經〉 SN IV 204.

지각의 무더기[想蘊]

비구들이여, 지각(표상작용)이란 무엇인가. 여섯 가지 지각이 있다. 즉 형태나 색깔[色], 소리[聲], 냄새[香], 맛[味], 접촉[觸], 마음의 현상[法]에 대한 지각이 그것이다.

형성의 무더기[行蘊]

비구들이여, 형성이란 무엇인가. 여섯 가지 의지가 그것이다. 즉, 형태나 색깔[色], 소리[聲], 냄새[香], 맛[味], 접촉[觸], 마음의 현상[法]에 대한 의지이다.

《相應部》22:56 〈取轉經〉 SN III 60.

* 형성의 무더기[行蘊]는, 한 순간의 의식에, 느낌과 지각과 함께 현존하는, 수많은 정신적 활동의 기능 또는 양상들을 의미하는 집합적인 용어이다. 형성은 아비담마에서 50가지로 분류되고 있으며, 그 가운데 7가지는 항상 작용하는 마음의 기능이다. 나머지와 그것들의 결합 방식은 각각에 대응하는 의식의 성격에 따라 다양하다. 〈정견경正見經〉[22]에 의하면, 형성의 무더기 가운데 세 가지 대표적인 것은 의지

---

22 《中部》9 〈정견경〉, MN I 53에서는 12지연기의 명색名色을 설명하면서 명名은 느낌[受 vedanā]과 지각[想 saññā]과 함께 의지[思 cetanā], 접촉[觸 phassa] 그리고 주의 기울임[作意 manasikāra]을 제시하고 있다. 이 경전의 주석서에서 느낌과 지

[思], 접촉[觸] 그리고 주의 기울임[作意]이라고 한다.

그리고 다시 이 가운데에서 가장 중요한 '형성'의 요소인 의지를 들어, 특별히 형성의 무더기의 특성으로 한 것이며, 따라서 위에서 본 바와 같이 의지를 대표적인 예로 삼은 것이다.

의식의 무더기[識蘊]

비구들이여, 의식이란 무엇인가. 여섯 가지 의식의 무더기를 말한다. 즉, 눈의 의식[眼識], 귀의 의식[耳識], 코의 의식[鼻識], 혀의 의식[舌識], 몸의 의식[身識], 마음의 의식[意識]이 그 여섯 가지이다.

《相應部》22:56〈取轉經〉SN III 58.

의식의 의존에 의한 발생[緣起]

비구들이여, 내적인 눈(의 감각기능)이 온전하더라도 만약에 외적인 색(色: 색깔과 형태)이 시야에 들어오지 않았을 경우, 그리고 그것에 응해서 주의력이 없을 때, 이 경우에 그것에 대한 (눈의) 의식은 생겨나지 않는다. 그리고 내적인 눈이 온전하고

각을 제외한 세 가지 마음 작용을 형성[行 saṅkhārā]의 무더기로 해석하고 있다 《MN-a》 I 221.

외적인 색이 시야에 들어왔다 하더라도, 그것에 응해서 주의력이 없을 때, 이 경우에 그것에 대한 의식은 생겨나지 않는다. 하지만 내적인 눈이 온전하고 외적인 색이 시야에 들어왔으며, 그것에 응해서 주의력이 있을 경우에는 그것에 대한 의식이 생겨나게 된다.

《中部》28〈象跡喩大經〉MN I 190.

비구들이여, 나는 다음과 같이 말한다. 의식의 발생은 조건에 의존되어 있다. 그리고 이러한 조건이 없으면 의식은 발생하지 않는다. 그러면 어떠한 조건에 의존되어 의식이 발생하는가. 눈과 색에 의존되어 발생한 의식을 눈의 의식[眼識]이라고 한다. 귀와 소리에 의존되어 발생한 의식을 귀의 의식[耳識]이라고 한다. 코와 냄새에 의존되어 발생한 의식을 코의 의식[鼻識]이라고 한다. 혀와 맛에 의존되어 발생한 의식을 혀의 의식[舌識]이라고 한다. 몸과 접촉에 의존되어 발생한 의식을 몸의 의식[身識]이라고 한다. 마음과 마음의 대상[法]에 의존되어 발생한 의식을 마음의 의식[意識]이라고 한다.

《中部》38〈愛盡大經〉MN I 259.

그 어떠한 물질[色]이 있더라도 그것은 물질의 무더기[色蘊]에 속한다. 그 어떠한 느낌[受]이 있더라도 그것은 느낌의 무더기[受

蘊]에 속한다. 그 어떠한 지각[想]이 있더라도 그것은 지각의 무더기[想蘊]에 속한다. 그 어떠한 형성[行]이 있더라도 그것은 형성의 무더기[行蘊]에 속한다. 그 어떠한 의식[識]이 있더라도 그것은 의식의 무더기[識蘊]에 속한다.

《中部》28〈象跡喩大經〉MN I 191.

네 가지 무더기에 대한 의식의 무더기[識蘊]의 의존성

비구들이여, 만일 어떤 사람이 있어서 '나는 물질[色]과 느낌[受]과 지각[想]과 형성[行]을 제외시키고 의식[識]의 죽음, 태어남, 성장, 증가, 성숙이 있다고 주장하리라.'고 했을 때, 이 말은 근거 없는 것임을 알아야 한다.

《相應部》22:53〈封滯〉SN III 53.

존재의 세 가지 특성[三法印, 三法相]

모든 형성되어진 것은 무상하다[諸行無常]. 모든 형성되어진 것은 괴로움이다[一切皆苦]. 모든 존재하는 것은 실체가 없다[諸法無我].

《增支部》3:134 AN I 286.

비구들이여, 생각해 보라. 물질[色]은 영원한가 무상한가. 무상합니다, 세존이시여. 그러면 무상한 것은 괴로움인가 즐거움인가. 괴로움입니다, 세존이시여. 이처럼 무상하고 괴로우며 변하는 것들에 대하여, '이것은 나의 것이다. 이것은 나이다. 이것이 나의 자아(아트만)이다.'라고 간주할 수 있겠는가. 그럴 수 없습니다, 세존시시여. 느낌[受] … 지각[想] … 형성[行] … 의식[識]은 영원한가, 무상한가. 무상합니다, 세존이시여. 그러면 무상한 것은 괴로움인가 즐거움인가. 괴로움입니다, 세존이시여. 이처럼 무상하고 괴로우며 변하는 것들에 대하여, '이것은 나의 것이다. 이것은 나이다. 이것이 나의 자아(아트만)이다.'라고 간주할 수 있겠는가. 그럴 수 없습니다, 세존이시여.

그러므로 비구들이여, 과거, 현재, 미래의 것이거나, 자신의 내부에 있는 것이거나 외적인 것이거나, 거친 것이거나 미세한 것이거나, 저열한 것이거나 뛰어난 것이거나, 긴 것이거나 짧은 것이거나, 모든 물질[色]에 대해서 '이것은 나의 것이 아니다. 이것은 나가 아니다. 이것은 나의 자아(아따, 아트만)가 아니다.'라고 있는 그대로[如實하게] 알고 보아야 한다.

과거, 현재, 미래의 것이거나, 자신의 내부에 있는 것이거나 외적인 것이거나, 거친 것이거나 미세한 것이거나, 저열한 것이거나 뛰어난 것이거나, 긴 것이거나 짧은 것이거나, 모든 느낌[受] … 지각[想] … 형성[行] … 의식[識]에 대해서 '이것은 나의 것이 아니다. 이것은 나가 아니다. 이것은 나의 자아(아트만)가 아니다'라고 있는 그대로[如實하게] 알고 보아야 한다.

《相應部》22:59 〈五比丘經〉 SN III 66~68.

* 무아설無我說: 전체 세계와 마찬가지로 개인적인 존재는 모두 다섯 가지 무더기에 의해 구성되어진, 끊임없이 변화하는 현상의 흐름이라는 점에 있어서만 실재적인 것이다. 이 흐름은 우리가 태어나기 전, 기억할 수 없는 시간에서부터 시작되어 우리가 죽은 후에도 끝없는 시간에 걸쳐 이어질 것이다. 그 조건이 있는 한만큼 오랫동안 그리고 멀리. 위의 경전에서 설해진 바와 같이 다섯 가지 무더기는 분리되어 있거나 결합되어 있거나 어떠한 방식으로든, 실재적인 자아의 실체 또는 영속적인 인간임을 구성할 수는 없으며, 마찬가지로 그것들의 '주인'으로서의 이 다섯 무더기의 바깥에서 그 어떠한 자아도 영혼도 실체도 발견될 수 없다. 달리 말하자면, 이 다섯 가지 무더기는 자아가 아니며[無我] 또한 그것들은 자아에 속해 있지도 않다. 모든 존재의 무상함과 조건에의 의존성의 관점에서 보면, 어떤 형태의 자아에 대한 믿음도 환상이라고 보아야 한다.

우리가 '수레'라고 부르는 바로 그것은 축, 바퀴, 끌채, 몸체 등등을 떠나서는 존재할 수 없는 것과 같이, 또한 '집'이라는 말이, 여러 가지 자재를 함께 조립해 놓아 어떤 모양을 갖추게 되어서, 일정한 공간을 차지하게 된 것에 대한 단지 편의상의 명칭일 뿐이지, 그 자체로 존재하는 독립된 집이라는 실체가 있는 것은 아닌 것과 마찬가지로, 우리가 '존재'니 '개인'이니 '사람'이니 또는 '나'라는 이름으로 부르는 것들이 단지 변화하고 있는 육체적, 정신적 현상의 결합에 지나지 않으며, 그 자체에 있어서는 실재적인 존재는 없는 것이다.

간단히 말하자면 이것이 모든 존재는 영원한 자아나 실체가 없다는 가르침, 즉 붓다의 무아無我의 가르침이다. 이 무아설은 다른 어떤 종교적인 가르침이나 철학적인 체계에서는 찾아볼 수 없는, 불교의 근본적인 가르침이다. 그 의미를 완전하게 파악한다는 것은, 추상적이고 지적인 방식에 있어서가 아니라, 끊임없는 실제적인 체험을 통해서 가능한 것이며, 실제적 체험을 통한 파악이, 붓다의 가르침[佛法: Buddhadhamma]에 대한 진정한 이해와 그 목적을 실현하기 위한 필수불가결의 조건인 것이다. 무아설은, 실제적인 현상에 대해 철저한 분석이 행해졌을 때 얻어지는 필연적인 결론이며, 여기에서 예로 든 오온五蘊에 대한 가르침은 경전의 내용을 인용하면서 제시될 수 있는 단순한 표지에 지나지 않는다.

오온에 대한 자세한 설명은 《불교사전Buddhist Dictionary》[23]을 참조하기 바람.

비구들이여, 눈이 멀지 않은 어떤 사람이 있어서, 갠지스강에서 떠내려가고 있는 수많은 물거품을 바라보고 있다고 하자. 그는 물거품을 살피면서 아주 주의 깊게 검토하고 있었다. 주의 깊게 검토해 보니 그 물방울들은 비어 있는 것, 실재하지 않는 것, 견고하지 않은 것임을 그는 알게 되었다. 비구들이여, 물거품에 어떻게 견고한 것이 있을 수 있겠는가. 이와 똑같은 방식

---

23 냐나틸로카 스님의 《불교사전Buddhist Dictionary》은 http://urbandharma.org/pdf/palidict.pdf 참조.

으로 어느 비구가 과거의 것이거나 현재의 것이거나 미래의 것이거나, 멀리 있는 것이거나 가까이 있는 것이거나, 자신의 내부에 있는 것이거나 외적인 것이거나, 거친 것이거나 미세한 것이거나, 저열한 것이거나 뛰어난 것이거나, 긴 것이거나 짧은 것이거나, 모든 물질[色], 느낌[受], 지각[想], 형성[行], 의식[識]을 보고 있다. 그는 이 다섯 무더기들을 살피고 주의 깊게 검토하였다. 주의 깊게 검토해 보니 그 다섯 가지 무더기들은 비어 있는 것, 실재하지 않는 것, 견고하지 않은 것임을 그는 알게 되었다. 비구들이여, 의식[識]에 어떻게 견고한 것이 있을 수 있겠는가.

《相應部》 22:95 〈거품經〉 SN III 140~142.

비구들이여, 물질[色], 느낌[受], 지각[想], 형성[行], 의식[識]을 즐기고 있는 사람은 괴로움을 즐기고 있는 사람이다. 괴로움을 즐기고 있는 사람은 괴로움에서 벗어날 수 없는 사람이라고 나는 말한다.

《相應部》 22:29 〈歡喜〉 SN III 31.

무엇을 웃고, 어찌하여 즐거워하는가.
끊임없이 불타고 있는 세상에서
그대는 어둠에 둘러싸여 있는데 등불을 찾지 않고 있구나.

보라, 이 꾸며 놓은 몸뚱이를. 상처 덩어리인 이 몸뚱이를.
병치레 끊일 새 없고, 욕망에 타오르고
견고하지도 영원하지도 못한 꺼풀

이 몸은 늙어서 시들어 버리고, 깨지기 쉬운 질병의 둥지
썩은 육신은 마디마디 흩어지고
생명은 반드시 죽음으로 끝난다.

《法句經》Dhp 146~148.

세 가지 경고

그대는 보지 못했는가. 이 세상에서 80세, 90세, 100세가 된
남자나 여자들을. 허약하고 허리는 지붕처럼 아래로 굽어 있고,
지팡이에 의지해서 금방이라도 쓰러질 듯한 걸음을 걷고, 젊은
이의 기운이 없어진 지는 벌써 오래된, 이는 빠져 버렸고, 백발
이 성성한 머리카락도 드문드문 남아 있거나 그나마 없는, 때가
낀 사지에 피부는 주름져 있는 노인들을. 그리고 그대는 생각해
본 적이 없는가. 그대도 역시 이처럼 늙게 되리라는 사실을. 그
대도 늙음을 피할 수 없다는 사실을.

그대는 보지 못했는가. 이 세상에서 병들어 괴로워하며, 병
상에서 비탄에 빠져 있으며, 자신의 배설물 속에서 뒹굴고 있는

남자나 여자가 다른 이들에 의해서 들것에 들려져서 병상에 눕혀져 있는 모습을. 그리고 그대는 생각해 본 적이 없는가. 그대도 역시 이처럼 병들게 되리라는 사실을. 그대도 병들어 쓰러지는 것을 피할 수 없다는 사실을.

그대는 보지 못했는가. 이 세상에서 죽은 지 하루 또는 이틀 또는 사흘이 된 남자나 여자의 시신이 부풀어 오르고, 색깔은 검푸르게 되어 완전히 썩어 있는 모습을. 그리고 그대는 생각해 본 적이 없는가. 그대도 역시 이처럼 죽게 되리라는 사실을. 그대도 죽어 쓰러지는 것을 피할 수 없다는 사실을.

《增支部》 3:35 AN I 138~140.

윤회 — 생사生死의 반복

비구들이여, 이 윤회는 그 처음을 알 수가 없다. 최초의 시간은 알려질 수 없다. 무명에 의해 뒤덮여 있고, 갈망에 의해 속박되어 있는 중생들은 이 생사의 세계에서 이리저리 헤매며 삶과 죽음을 되풀이한다.

* 윤회samsāra — 존재의 수레바퀴, 어원적인 의미는 '끊임없는 헤맴' — 라는 말은, 빠알리 경전에서 끊임없이 부침하고 있는 생사의 바다를 의미하는 용어로 쓰이며, 끊임없이 반복되고 있는 태어남[生], 늙음[老]

그리고 죽음[死]의 연속적인 흐름을 상징한다. 더 정확하게 말하자면, 윤회는 순간순간 끊임없이 변화하고 있는, 헤아릴 수 없는 때부터 한 상태에서 다른 상태로 이어져온, 다섯 가지 무더기[五蘊]의 결합이 깨어지지 않고 이어지고 있는 것이다.

이 윤회 속에서 한 번의 삶은 단지 아주 짧은 시간에 지나지 않는다. 따라서 첫 번째 고귀한 진리[苦聖諦]를 이해하기 위해서는 반드시 우리의 시선을 이 윤회 즉, 무시무시한 생의 반복에 두어야 하지, 때로는 그렇게 고통스럽지 않을지도 모르는 한 번의 삶에 시선을 두어서는 안 된다.

따라서 첫 번째 고귀한 진리[苦聖諦]에서 '괴로움[苦]'이라는 말은 단순히 불쾌한 인상 때문에 생겨난 육체적인 통증과 정신적인 감정을 의미하는 것이 아니라, 여기에 괴로움을 빚어내는 모든 것 또는 괴로움으로 전락하기 쉬운 모든 것을 포함시켜서 이해해야 한다.

괴로움의 진리를 통해서 우리는 다음과 같은 사실을 배울 수 있다. 무상無常이라는 보편적인 법칙 때문에, 아무리 격조 높고 고상한 행복의 상태라 할지라도 변하기 쉽고 깨져 버리기 쉬운 것이며, 따라서 존재의 모든 상태는 그 자체 안에 괴로움의 씨앗이 들어 있는 한, 불만족스러운 것이다.[24]

---

24 괴로움에는 세 가지가 있다. 고고苦苦 *dukkha-dukkha*, 괴고壞苦 *viparināma-dukkha*, 행고行苦 *saṅkhāra-dukkha*이다. (DN III 216 ; SN IV 259, V 56 ; 《청정도론》 Vism 499)
고고苦苦란 본래 피할 수 없는 괴로움, 생·로·병·사의 괴로움, 누구에게나 있는 육체적인 괴로움을 말한다.
괴고壞苦란 좋은 상황, 즐거운 상황이 없어지면서 생기는 괴로움, 섭섭함 등이다. 일상생활에서 많이 경험하는 괴로움이다.
마지막 행고行苦에 대한 이해를 해야 불교에서 말하는 괴로움을 제대로 이해할 수 있다. 행行이란 조건에 의해 생겨난 모든 현상을 말한다. 조건에 의해 생겨난 현상은 조건이 사라지면 없어져 버리는 성질이 있기 때문에 불안하고 안 비구들이여, 생각해 보라. 어떤 것이 더 많은가를. 이 생사의 세계에서 이리저리 헤매며 삶과 죽음을 되풀이하면서, 싫어하는 대상과 만나고 좋아하는 대상과 헤어지면서, 슬픔 때문에 울부짖으며 흘린 눈물과 저 사해四海의 바닷물 중 어떤 것이 더 많은가를.

비구들이여, 그대들은 오랫동안 생사를 거듭하면서, 부모, 아들, 딸, 형제, 자매와의 사별 때문에 괴로워해 왔다. 이처럼 이 생사의 세계에서 이리저리 헤매며 삶과 죽음을 되풀이하면서, 싫어하는 대상과 만나고 좋아하는 대상과 헤어지면서, 슬픔 때문에 울부짖으며 흘린 눈물이 더 많지, 저 사해四海의 바닷물이 더 많지는 않다.

《相應部》15:3 〈눈물경〉 SN II 179~180.

비구들이여, 생각해 보라. 어떤 것이 더 많은가를. 이 생사의 세계에서 이리저리 헤매며 삶과 죽음을 되풀이하면서, 참수형을 당해 흘린 피와 저 사해四海의 바닷물 중 어떤 것이 더 많은가.

─────
정되어 있지 못하다는 의미로 괴로움이라고 한 것이다. 행고의 입장에서 보면 우리가 일상적으로 느끼는 즐거움도 괴로움이다. 조건에 의해 생겨난 즐거움은 그 자체로 조건지어져 있기 때문에 괴로움이라는 의미이다. 이처럼 조건지어져 있는 모든 것은 내려놓아야(letting-go) 할 것들이지 자기 것이라고 집착할 대상이 아니다. 행고行苦에 대한 이해가 있을 때, 비로소 불교에서 말하는 괴로움에 대한 기본적인 이해가 생겼다고 할 수 있다.

비구들이여, 그대들은 오랫동안 생사를 거듭하면서, 마을의 도둑, 노상강도, 간부姦夫인 도둑으로서 붙잡혔었다. 그리하여 참수형을 당해 흘린 피가 더 많지, 저 사해四海의 바닷물이 더 많지는 않다.

그것은 어떤 이유에서인가. 비구들이여, 이 윤회는 그 처음을 알 수가 없다. 최초의 시간은 알려질 수 없다. 무명에 의해 뒤덮여 있고, 갈망에 의해 속박되어 있는 중생들은 이 생사의 세계에서 이리저리 헤매며 삶과 죽음을 되풀이해 왔기 때문이다.

《相應部》15:13 〈三十名經〉 SN II 187~189.

비구들이여, 그대들은 오랫동안 생사를 거듭하면서, 괴로움을 겪어 왔고, 슬픔을 겪어 왔고, 불행을 겪어 왔으며, 죽어서 묘지를 가득 채워 왔다. 그러므로 비구들이여, 그대들은 바로 지금이 모든 형성되어진 것[諸行]에 대해서 싫어하는 생각을 내기에 적당한 때이며, 탐욕을 버리기에 적당한 때이며, 이 모든 괴로움에서 벗어나 해탈을 얻기에 적당한 때이다.

《相應部》15:1 〈薪草〉 SN II 178.

2. '괴로움의 발생'의 고귀한 진리[苦集聖諦]

'괴로움의 발생'의 고귀한 진리의 정의

비구들이여, 무엇이 '괴로움의 발생'의 고귀한 진리[苦集聖諦] 인가? 그것은 바로 갈망[渴愛 taṇhā]인데, 갈망이란 또 다른 생 존을 초래하며, 쾌락과 탐욕을 동반하는, 이른바 감각적 쾌락에 대한 갈망, 존재[有]에 대한 갈망, 비존재[非有]에 대한 갈망을 말한다.

* 감각적 쾌락에 대한 갈망이란, 다섯 가지 감각(눈, 귀, 코, 혀, 몸)의 대 상에서 즐거움을 얻고자 하는 욕망을 말한다. 존재[有]에 대한 갈망이 란, 지속적이거나 영원한 삶에 대한 욕망으로 특히, 색계色界나 무색 계無色界에서의 생존에 대한 욕망을 의미한다. 이 욕망은, 육체와는 상관없이 존속하는 절대적이고 영원한 자아-영혼에 대한 믿음인 이 른바 상견常見하고 밀접하게 관련되어 있다.
비존재[非有]에 대한 갈망이란, 이른바 단견斷見에서 나온 욕망이다. 단 견이란, 진정한 자아란 바로 육체라고 하는, 잘못된 유물론적인 사고방 식의 입장에 서서 자아는 육체의 죽음과 더불어 완전히 소멸하고 말며, 죽기 전과 죽은 후는 아무런 인과적인 관계가 없다고 하는 주장이다.

그러면 비구들이여, 이 갈망은 무엇에서 생겨나며, 어디에 머물러 있는가? 이 세상에서 즐거운 대상, 즐길 만한 대상이 있는 곳이면 그 어디에서나 이 갈망은 생겨나고 그곳에 머무른다. 눈, 귀, 코, 혀, 몸, 마음[六根: 여섯 가지 감각기관]이 즐겁고 즐길 만한 대상이라면 그곳에서 이 갈망은 생겨나고 거기에 머무른다. 보이는 것, 들리는 것, 냄새, 맛, 육체의 촉감, 마음속의 현상들[六境: 여섯 가지 감각대상]이 즐겁고 즐길 만한 대상이라면 그곳에서 이 갈망은 생겨나고 거기에 머무른다.

그리고 각각 여섯 가지 의식[六識], 여섯 가지 접촉[六觸], 여섯 가지 접촉에서 생긴 느낌[六受], 여섯 가지 지각[六想], 여섯 가지 의지[六思], 여섯 가지 갈망[六愛], 여섯 가지 향하는 생각[六尋], 여섯 가지 머무는 생각[六伺](187쪽 주 71 참조)이 즐겁고 즐길 만한 대상이라면 그곳에서 이 갈망은 생겨나고 거기에 머무른다.

비구들이여, 이것을 '괴로움의 발생'의 고귀한 진리[苦集聖諦]라고 한다.

《長部》22 〈大念處經〉 DN II 308~310.

모든 현상의 조건에 의한 발생

비구들이여, 눈으로 대상을 볼 때, 즐거운 대상이면 그 대상에 집착하고, 즐거운 대상이 아니면 싫어한다. 귀로 소리를 들을 때, … 코로 냄새를 맡을 때, … 혀로 맛을 볼 때, … 몸으로 접촉을 할 때, 마음으로 마음속의 현상들을 생각할 때, 즐거운 대상이면 그 대상에 집착하고, 즐거운 대상이 아니면 싫어한다. 그리고 몸에 대한 마음챙김[身念處]을 지니지 않고, 좁은 마음으로 지내면서, 마음의 해탈과 지혜의 해탈을 있는 그대로 알지 못한다.

이러한 모든 악하고 좋지 않은 현상들이 부지불식간에 감추어져 버린다. 이처럼 집착하는 마음과 싫어하는 마음을 지닌 채로 즐겁거나, 괴롭거나, 즐겁지도 괴롭지도 않은 그 어떤 느낌이 생겨났을 때, 그 느낌을 즐기고 받아들이고 붙잡게 되면, 즐거움이 생겨나게 되는데 이렇게 느낌에서 생겨난 즐거움은 바로 집착[取]이며, 이 집착을 조건으로 해서 존재양식[有: 업에 의한 존재 또는 업의 과정]이 생겨나며, 이 존재양식에 의존하여 새로운 태어남[生]이 생겨나게 되며, 이 태어남을 의존해서 늙음, 죽음, 슬픔, 비탄, 고통, 비애, 절망 등의 온갖 괴로움의 무더기가 생겨나게 된다.

《中部》38〈愛盡大經〉MN I 266~267.

* 앞에서 12지 가운데 몇 가지만 언급했던 연기緣起의 계열이 이번 장에서 두 번째 진리에 대한 자세한 설명으로 다루어질 것이다.

현재의 행위[業]의 결과

  실로 감각적인 욕망 때문에, 감각적인 욕망에 의존되어, 감각적인 욕망에 강요되어, 감각적인 욕망에 의해 완전히 동요되어 왕들은 왕들과 싸우고, 왕자들은 왕자들과, 바라문들은 바라문들과, 부자들은 부자들과 싸운다. 아들은 어머니와 다투고, 어머니는 아들과 다투며, 아버지는 아들과 다투며, 아들은 아버지와 다툰다. 형제는 형제와 다투며, 형제와 자매끼리도 다투고, 자매도 형제와 다투며, 친구와 친구끼리도 다툰다. 이러한 불화와 말다툼과 싸움에 빠지게 되면, 그들은 상대방을 주먹이나 몽둥이나 무기로 쓰러뜨린다. 결국 그들은 죽음이나 치명적인 상처를 입어 괴로워하게 된다.

  그리고 더 나아가, 감각적인 욕망 때문에, 감각적인 욕망에 의존되어, 감각적인 욕망에 강요되어, 감각적인 욕망에 의해 완전히 동요되어 사람들은 집을 부수고, 도둑질을 하며, 강탈하고, 모든 집들을 약탈하며, 노상에서 강도질을 하고, 남의 부녀자를 범한다. 그러면 왕은 그런 자들을 잡아서 여러 가지 형벌을 내려 고통을 준다. 형벌을 받다가 죽기도 하고, 죽을병에도 걸리게 되는 등 갖가지 고통을 받게 된다. 바로 이것이, 감각적인 욕망 때문에, 감각적인 욕망에 의존하여, 감각적인 욕망에 강요되어, 감각적인 욕망에 의해 완전히 동요되어 저지른 행위 때문에 바로 이 삶에서 받게 되는 고통의 무더기이며, 감각적 욕망의 재앙인 것이다.

미래의 행위의 결과

비구들이여, 더 나아가, 사람들은 몸으로 악행을 저지르고, 입으로 악행을 저지르며, 마음으로 악행을 저지르게 된다. 이처럼 몸과 입과 마음으로 악행을 지음으로 해서, 몸이 무너져 죽은 후에 나쁜 곳[惡處: 지옥, 아귀, 축생]으로 떨어져서 고통을 받게 되고 불행한 운명에 빠지게 된다. 하지만 이 모든 것은, 감각적인 욕망 때문에, 감각적인 욕망에 의존되어, 감각적인 욕망에 강요되어, 감각적인 욕망에 의해 완전히 동요되어 저지른 행위 때문에 다음 생인 미래에서 받게 되는 고통의 무더기이며, 감각적 욕망의 재앙인 것이다.

《中部》13〈苦蘊大經〉MN I 86~87.

허공 속도 아니고 바다 속도 아니다
산 속의 바위 틈 속에서도 몸을 숨길 수 없다
지상의 그 어떤 곳에서도 찾을 수 없다
사람들이 악행으로부터 도망칠 곳을

《法句經》Dhp 127.

의지로서의 행위

비구들이여, 내가 행위[kamma 業]라고 부르는 것은 바로 의
지[cetanā 思]를 말한다. 의지를 지니고, 사람들은 몸으로, 말로,
마음으로 행동한다.

비구들이여, 지옥에서 (그 결과를) 받아야 할 행위가 있고, 축
생계에서 받아야 할 행위가 있으며, 아귀 세계에서 받아야 할
행위가 있고, 인간계에서 받아야 할 행위가 있으며, 천상에서
받아야 할 행위가 있다.

비구들이여, 행위의 결과[果報]에는 세 가지가 있다고 나는
말한다. 현세에서 받는 것, 바로 다음 생에서 받는 것, 미래 생
에서 받는 것이 그 세 가지이다.

《增支部》6:63 AN III 415.

행위의 상속자

비구들이여, 모든 중생들은 자신들의 행위[業]의 소유자이
며, 행위의 상속자이고, 행위로부터 태어났으며, 행위에 묶여
있고, 행위를 피난처로 하고 있다. 선한 행위이든지 악한 행위
이든지 그 어떤 행위라 하더라도 그 행위의 상속자가 된다.

《增支部》10:206 AN V 288.

어떤 곳이든지 생명이 태어나는 곳에서는 그들의 행위가 결실을 맺는다. 행위가 결실을 맺는 곳에서는 어떤 곳이든지 그 행위의 결과를 맛보게 될 것이다. 그때가 현재가 되건, 바로 다음 생이 되건, 미래 생이 되건 간에.

《增支部》3:33 AN I 135.

대해大海도 말라 버려, 고갈되어 물 한 방울도 남지 않는 때가 올 것이다. 그리고 이 대지도 불에 의해 타 버려 파괴되어 온전히 사라져 버릴 날이 올 것이다. 하지만 무지[無明]에 가려져, 갈망[渴愛]에 속박되어 생사의 굴레에서 이리 저리 바쁘게 헤매고 다니는 중생들의 괴로움은 다할 날이 없을 것이다.

《相應部》22:99 SN III 149~150.

* 하지만, 갈망이 모든 악행의 유일한 원인이어서 현재의 삶과 다음 생에서의 모든 괴로움과 재앙의 유일한 원인이 되는 것은 아니다. 그렇다 하더라도 갈망이 있다면 바로 그 갈망을 원인으로 해서 괴로움과 재앙을 만들어 내는 시기, 분노, 증오 등의 온갖 나쁜 것들이 생겨나게 된다.

그리고 이러한 모든 이기적이며 생을 움켜잡는 강한 충동과 행동들은, 지금 이 생과 다음 생에 생겨날 갖가지 재앙과 함께 그리고 심지어는 삶을 구성하고 있는 다섯 가지 무더기[五蘊]조차, 이 모든 것들은

궁극적으로 몽매함과 무지[無明]에 뿌리를 두고 있다.[25]

행위[業]

두 번째 고귀한 진리는 또한, 이 세상에 원인 없이 존재할 수 있는 것은 아무것도 있을 수 없다는 가르침을 통해서 언뜻 보기에는 생래적으로 불공평한 것들의 원인을 설명해 주고 있다. 그리고 우리들의 잠재적인 성향뿐만 아니라, 우리 삶의 전 운명, 모든 행복과 불행이, 부분적으로는 이 생에서 다른 부분은 지난 생에서 찾을 수밖에 없는 원인들[業]로부터 생겨난 것임을 설명해 주고 있다. 이러한 원인들은 몸과 입과 마음에서 생겨난, 생을 움켜잡는 행동[業]들이다.

따라서 이 세 가지 행동[業]이 모든 존재의 성향과 운명을 결정한다. 업에 대하여 정확하게 정의를 내리면, 윤회와 연결되어 있는, 선악의 의지를 말한다. 따라서 존재 또는 더 나은 표현으로는 존재로 되어 가는 과정[有 bhava]은, 활동적이며 조건을 지우는 업의 과정kamma-bhava과 그것의 결과인 다시 태어남의 과정upapatti-bhava으로 이루어져 있다.

여기에서 업을 생각할 때 반드시 잊어서는 안 되는 것은 존재의 무아성無我性이다. 폭풍우가 몰아치는 바다의 경우를 생각해 보자. 바다의 표면을 휘몰아치며 흘러가는 것은 하나의 특정한 파도(identical

---

25 12연기에서 확인할 수 있듯이 괴로움의 근원에는 네 가지 고귀한 진리[四聖諦]에 대한 무지[無明]가 있으며, 무지는 다시 세 가지의 번뇌[三漏]와 상호조건적으로 관계 맺고 있다. "번뇌가 생기므로 무명이 생기고, 번뇌가 소멸하므로 무명이 소멸한다." "무명이 생기므로 번뇌가 생기고, 무명이 소멸하므로 번뇌가 소멸한다."(MN I 54~55) 세 가지 번뇌[三漏]는 감각적 욕망의 번뇌[欲漏 kāmāsava], 존재의 번뇌[有漏 bhāvāsava], 무지의 번뇌[無明漏 avijjāsava]이다. 무지도 번뇌의 하나이며, 무지에 의해 무지가 더 생겨난다고 이해할 수 있다.

wave)가 아니라, 아주 다른 물의 덩어리의 부침이다.

이와 마찬가지로 생사의 바다 위를 떠다니는 것은 실재적인 자아의 실체가 아니라, 그것들의 본성과 선과 악이라는 행위에 따라서, 이생에서는 인간으로, 저 생에서는 짐승으로 또 다른 곳에서는 눈에 보이지 않는 존재로 그 자신들을 드러내는, 단순한 생명의 파도일 뿐이다.

여기에서 한 번 더 강조해 두고 싶은 것은 '업'이라고 하는 용어는 오직 앞에서 언급했던 행동의 종류만을 의미하지, 그 결과를 의미하거나 그 결과를 포함하고 있지는 않는다는 점이다.

업에 관한 자세한 설명은《불교의 기초*Fundamentals of Buddhism*》[26]와《불교사전*Buddhist dictionary*》을 참조하기 바람.

---

[26] 《*Fundamentals of Buddhism: Four Lectures*》(BPS, Wheel Publication No. 394/396) 전자판 자료는 아래 참조. http://www.accesstoinsight.org/lib/authors/nyanatiloka/wheel394.pdf

3. '괴로움의 소멸'의 고귀한 진리[苦滅聖諦]

'괴로움의 소멸'의 고귀한 진리의 정의

비구들이여, '괴로움의 소멸'의 고귀한 진리[苦滅聖諦]란 무엇인가? 탐욕의 버림[無貪]에 의한, 저 갈망의 남김 없는 소멸, 떠남, 완전한 파기, 해탈, 무집착 - 이것을 '괴로움의 소멸'의 고귀한 진리라 한다.

그러면 비구들이여, 이 갈망은 어디에서 버려지며, 어디에서 소멸해 버리는가? 이 세상에서 즐거운 대상, 즐길 만한 대상이 있는 곳에서 이 갈망은 버려지고, 소멸한다. 이 세상에서 눈, 귀, 코, 혀, 몸, 마음[六根: 여섯 가지 감각기관]이 즐겁고 즐길 만한 대상이라면 그곳에서 이 갈망은 버려지고, 소멸한다.[27]

보이는 것, 들리는 것, 냄새, 맛, 육체의 촉감, 마음속의 현상

---

27 57쪽의 '괴로움의 발생'의 고귀한 진리의 정의에서 말한 내용(《長部》22 〈大念處經〉 DN II 308~310)과 연결 지어 이해해야 한다. 즉 괴로움은 발생된 곳에서 소멸한다는 의미이다. 괴로움의 발생은 감각기관과 감각대상 그리고 의식 등으로 이어지는 육육법六六法에 대한 갈망[渴愛] 때문에 생기며, 이 갈망의 소멸이 곧 괴로움의 소멸이라고 하는 것이다. 보조국사 지눌이 《권수정혜결사문》도입부에서 인용하고 있는 '땅에서 넘어진 자, 땅을 짚고 일어나라.[人因地而倒者 因地而起]'는 가르침과 유사한 맥락으로 이해할 수 있다.

들[六境: 여섯 가지 감각대상]이 즐겁고 즐길만한 대상이라면 그 곳에서 이 갈망은 버려지고, 소멸한다. 그리고 각각 여섯 가지 의식[六識], 여섯 가지 접촉[六觸], 여섯 가지 접촉에서 생긴 느낌 [六受], 여섯 가지 지각[六想], 여섯 가지 의지작용[六思], 여섯 가지 갈망[六愛], 여섯 가지 향하는 생각[六尋], 여섯 가지 머무는 생각[六伺]이 즐겁고 즐길 만한 대상이라면 그곳에서 이 갈망은 버려지고, 소멸한다.

《長部》22 〈大念處經〉 DN II 310~311.

비구들이여, 과거의 것이거나, 현재의 것이거나, 미래의 것이 거나, 이 세상에서 즐거운 대상, 즐길 만한 대상에 대해서, 그것 은 영원하지 않다[無常], 만족스러운 것이 아니다[苦], 불변하는 실체가 아니다[無我], 질병이다, 두려움이다고 보면, 저 갈망은 끊어져 버린다. 갈망이 끊어져 버리면, 집착*upadhi*이 끊어져 버 린다. 집착이 끊어져 버리면, 괴로움이 끊어져 버린다. 괴로움을 끊어버린 사람은 태어남, 늙음, 죽음, 슬픔, 비탄, 고통, 비애, 절 망으로부터 해탈하게 된다. 이것을 괴로움으로부터의 해탈이라 고 나는 말한다.

《相應部》12:66 〈接觸經〉 SN II 109.

모든 현상의 조건에 의한 소멸

탐욕의 버림[無貪]에 의한, 저 갈망의 남김 없는 소멸에 의해 집착[取]이 소멸한다. 집착의 소멸에 의해, (새로운) 존재양식[有]이 소멸한다. 존재양식의 소멸에 의해, 태어남이 소멸한다. 태어남의 소멸에 의해, 늙음, 죽음, 슬픔, 비탄, 고통, 비애, 절망이 소멸한다. 이와 같이 괴로움의 전체 무더기의 소멸이 있게 되는 것이다.

《相應部》 12:43 〈苦經〉 SN II 70.

물질[色]의 소멸, 적멸, 종식, 느낌[受]의 … 지각[想]의 … 형성[行]의 … 의식[識]의 소멸, 적멸, 종식, 이것을 괴로움의 소멸, 질병의 적멸, 늙음과 죽음의 종식이라고 한다.

《相應部》 22:30 〈生經〉 SN III 32.

* 우리들이 파도라고 부르는, 바람에 의해 생겨나서 그 힘에 의해 커져서, 모아진 에너지에 의해 지속되고 있는, 출렁이는 물의 움직임에 대해 어리석은 사람은, 호수의 표면 위를 하나의 똑같은 물의 덩어리가 움직이고 있다는 착각을 일으키게 된다. 하지만, 바람이 멈춘 후, 다시 새로운 바람이 호수의 표면 위로 불지 않는다면, 모아진 에너지도 점차로 고갈되어 버려, 마침내는 물의 전체적인 출렁임도 그치게 될 것이다. 마찬가지로 새로운 연료를 공급하지 않으면, 남은 연료가 다 타

버릴 때, 불은 꺼져 버리고 만다.

이와 똑같은 방식으로, 세상의 어리석은 사람들이 자아라는 실체관념을 만들어 낸, 다섯 가지 무더기[五蘊]의 흐름은 삶에 대한 갈망인 갈애에 의해 생겨나서, 그 힘에 의해 커져서, 모아진 생명의 에너지에 의해서 일정한 기간 지속하게 된다. 자 이제, 생에 대한 갈망과 집착[取]이라고 하는 연료가 끊어지고, 더 이상의 갈망이 다섯 가지 무더기[五蘊]의 흐름에 부어지지 않으면, 생명은, 저장된 생명의 에너지가 있는 동안만 지속하게 될 것이다. 하지만 죽음 순간에 이 에너지들이 파괴될 때, 다섯 가지 무더기[五蘊]의 흐름은 마지막 소멸에 이르게 될 것이다.

따라서 열반 또는 소멸(어원적으로 '불어서 꺼진 상태')은 두 측면에서 고찰될 수 있다.

1. 번뇌의 완전한 소멸kilesa-parinibbāna의 의미로, 아라한의 깨달음을 얻었을 때를 말하는데, 이 상태는 일반적으로 살아있을 때 체험된다. 경전에서는 이러한 상태의 열반을 '유여의열반有餘依涅槃'이라고 하는데, '아직 다섯 가지 무더기[五蘊]가 남아 있는 열반'의 뜻이다.

2. 다섯 가지 무더기[五蘊]의 완전한 소멸khandha parinibbāna의 의미로 아라한의 죽음의 순간에 얻어지는 열반으로, 경전에서는 '무여의열반無餘依涅槃'이라고 하는데, 다섯 가지 무더기[五蘊]가 남아 있지 않은 열반이라는 뜻이다.

열반涅槃

실로 이것은 평온이며, 뛰어난 것이며, 모든 형성[諸行]의 종식이며, 모든 존재의 뿌리*upadhi*의 파기이며, 갈망의 소진消盡이며, 탐욕의 버림無貪 *virāga*이며, 멸滅 *nirodha*이며, 열반이라고 한다.

《增支部》3:32 AN I 133.

바라문이여, 탐욕에 물든 마음에 정복돼서, 분노에 의한 악한 마음에 정복되어, 무시에 의한 어리석음에 정복되어, 사람들은 자신을 파멸로 이끌며, 다른 이들을 파멸로 이끌고, 자신과 다른 이 둘 다를 파멸로 이끌어 정신적인 고통과 슬픔을 겪는다. 하지만, 탐욕과 분노와 무지를 버릴 때, 사람들은 자신을 파멸로 이끌지 않으며, 다른 이들을 파멸로 이끌지도 않고, 자신과 다른 이 둘 다를 파멸로 이끌지 않아서, 정신적인 고통과 슬픔을 겪지 않는다. 이처럼 바로 현세에서 증득될 수 있는, 이 열반은 먼 시간을 기다리지 않는 것이며, 와서 보라고 할 수 있는 것이며, (열반으로) 이끌어 주는 것이며, 현자들이 경험할 수 있는 것이다.

《增支部》3:55 AN I 159.

벗이여, 탐욕의 소진消盡, 분노의 소진, 무지의 소진, 이것을 열반이라고 한다.

《相應部》38:1 〈涅槃〉 SN IV 251.

아라한

바르게 해탈하여 평온한 마음으로 살아가는 수행자에게는 의존할 것도, 해야 할 것도 없다. 반석이 어떠한 바람에도 흔들리지 않는 것처럼, 보이는 것, 소리, 냄새, 맛, 접촉의 그 어떤 것에 의해서도 또한 바람직한 것에 의해서도, 바람직하지 않은 것에 의해서도 이런 사람은 동요되지 않는다. 그의 마음은 굳게 서 있고, 완전한 해탈을 보았기 때문이다.

《增支部》 7:55 AN III 378~379.

이 세상에 있는 이런 저런 것들을 잘 살펴보아, 세상의 그 어떤 것에 의해서도 동요되지 않고, 평온하며, 분노의 불길이 꺼져 있고, 슬픔과 바람이 없는 사람, 그는 태어남과 늙음을 벗어났다고 나는 말한다.

《增支部》 3:32 AN I 133 ; 《숫따니빠아따》 Sn 1048.

변하지 않는 것

비구들이여, 실로 땅도 물도 불도 바람도 없는 곳, 공무변처도 없고, 식무변처도 없고, 무소유처도 없고, 비상비비상처도 없는 곳, 이 세상도 아니고 저 세상도 아닌 곳, 해도 달도 없는 곳이 있다. 그것은 오는 것도 아니고, 가는 것도 아니고, 머무는 것도 아니고, 태어나는 것도 아니며, 죽는 것도 아니다. 발을 딛고 설 곳도 없고, 나아갈 곳도 없으며, 대상도 가지고 있지 않다. 이것이야말로 괴로움의 끝이라고 한다.

　비구들이여, 태어나지 않은 것, 생겨나지 않은 것, 만들어지지 않은 것, 형성되어지지 않은 것이 있다. 만일 태이나지 않은 것, 생겨나지 않은 것, 만들어지지 않은 것, 형성되어지지 않은 것이 없다면, 태어난 것, 생겨난 것, 만들어진 것, 형성되어진 것에서 벗어나는 것은 알려지지 않을 것이다. 하지만, 비구들이여, 태어나지 않은 것, 생겨나지 않은 것, 만들어지지 않은 것, 형성되어지지 않은 것이 있기 때문에, 태어난 것, 생겨난 것, 만들어진 것, 형성되어진 것에서 벗어나는 것이 알려지는 것이다.

《우다나自說經》8:1-3 Ud 80~81.

4. '괴로움의 소멸에 이르는 길'의 고귀한 진리[苦滅道聖諦]

두 가지 극단과 중도中道

감각적인 욕락의 생활에 빠져 있는 사람은 저급하며, 속되고, 고귀하지 않고, 유익함을 얻지 못하는 사람이다. 또 한편으로 결과 없는 고행을 일삼는 사람은 고통스럽고, 고귀하지 않고, 유익함을 얻지 못하는 사람이다. 이 두 가지 극단 모두를 버리고, 여래如來는, 보는 눈을 주고, 앎을 주는 중도, 평온에 이르게 하고, 뛰어난 앎을 얻게 하며, 깨달음을 이루게 하고, 열반을 얻게 하는 중도를 발견하였다.

여덟 가지 길

그 중도란 괴로움의 소멸에 이르는 길인 여덟 가지 고귀한 길이다.

1. 바른 견해[正見]

2. 바른 사유[正思惟]　　　　III. 지혜[慧 paññā]

3. 바른 언어[正語]

4. 바른 행위[正業]　　　　I. 윤리[戒 sīla]

5. 바른 생계[正命]

6. 바른 노력[正精進]

7. 바른 마음챙김[正念]　　　II. 마음집중[定 samādhi]

8. 바른 마음집중[正定]

이것이 여래如來가 발견한, 보는 눈을 주고, 앎을 주는 중도,
평온에 이르게 하고, 뛰어난 앎을 얻게 하며, 깨달음을 이루게
하고, 열반을 얻게 하는 중도이다.

《相應部》56:11 〈轉法輪經〉 SN V 420.

* **여덟 가지 고귀한 길**

　비유적인 표현인 '길' 또는 '도道'는, 주어진 순서를 따라서, 하나에서
다음 번 것으로 하나씩, 실제의 수행에서 닦아 가야 하는 것으로 때
때로 잘못 이해되어 왔다. 그러한 경우라면, '바른 사유'를 계발하거나
'바른 언어' 등을 실천하는 것을 생각하기도 전에, 진리에 대하여 완
전하게 통달함을 의미하는 '바른 견해'를 제일 먼저 얻어야 하는 것이

된다. 하지만 현실에 있어서는, 윤리[戒]를 구성하는 세 가지 요소를 제일 먼저 완성시켜야 한다. 그런 다음에 마음집중[定]을 구성하는 세 가지 요소를 실천함으로써 체계적으로 마음을 길들이는 데에 주의를 모아야 한다. 이러한 준비 과정을 갖춘 후라야 비로소, 인간의 자질과 마음은, 지혜[慧]를 구성하는 처음의 두 가지 요소를 완성할 수 있게 될 것이다.

하지만, 맨 처음 시작하는 단계에 있어서, 초보적인 최소한의 바른 견해가 요구된다. 그 이유는, 부지런히 길을 실천하는 데, 확고한 이유를 알고 고무를 받기 위해서는, 어느 정도는 괴로움 등의 사실들에 대해서 파악하고 있어야 할 필요가 있기 때문이다. 또한 어느 정도의 바른 견해는 다른 길의 요소들이, 해탈에 이르는 과업을 수행하는 데 있어서, 지성적이며, 효과적으로 제 각각의 기능을 충족시키기 위해서도 요구된다. 이러한 이유 때문에 그리고 바른 견해라는 길의 요소를 강조하기 위해서, 바른 견해가 여덟 가지 고귀한 길에서 맨 처음의 위치에 오게 된 것이다.

하지만, 법에 대한 초보적인 단계의 이해는, 다른 길의 요소들의 도움과 함께 점차로 향상되어 가서 궁극적으로는, 네 부류의 성인의 깨달음[四果]과 열반을 얻기 위한 직접적인 조건인, 높은 위빠사나(꿰뚫어 보는 지혜)의 경지에 이르게 된다. 따라서 바른 견해는 여덟 가지 고귀한 길의 궁극적인 도달점이면서 시발점이다.

이 길은 괴로움이 없고, 피해를 받지 않고, 번거로움이 없고, 실의에 빠지지 않는, 올바른 길이다.

《中部》139〈無諍分別經〉MN III 231.

이것이야말로 길이다.

앎과 봄[知見]을 청정하게 하기 위한 다른 길은 없다.

그대들은 이 길을 따르라.

이 길이야말로 악마를 어지럽힐 것이다.

그대들이 이 길을 가면

괴로움의 화살을 빼게 되리리.

나는 괴로움의 화살을 뺄 줄 알고,

그대들에게 이 길을 설한 것이다.

그대들은 부지런히 정진하라.

여래들은 길을 설해 주는 사람일 뿐.

마음을 집중해서 길을 가는 사람은

악마의 속박에서 벗어나리라.

《法句經》Dhp 274-276.

비구들이여, 귀를 기울여라. 불사不死는 성취되었다. 나는 법을 드러내 보이고, 법을 가르친다. 가르침대로 실천하라. 그러면 오래지 않아, 좋은 가문의 아들들이 그것을 구하기 위해 출가해서 집 없는 수행자가 된, 바로 그 최상의, 청정한 삶[梵行]의 완성을, 바로 이 생[現法]에서, 그대들 스스로 직접 알게 되고

abhiññā, 증득하게 되고*sacchikatvā*, 이루어 살게 될 것이다.

《中部》26 〈聖求經〉 MN I 172.

바른 견해[正見]

네 가지 고귀한 진리에 대한 앎

비구들이여, 바른 견해란 무엇인가? 비구들이여, '괴로움'에 대해서 아는 것, '괴로움의 발생'에 대해서 아는 것, '괴로움의 소멸'에 대해서 아는 것, '괴로움의 소멸에 이르는 길'에 대해서 아는 것, 이것을 바른 견해라고 한다.

《長部》22 〈大念處經〉 DN II 311~312.

온전함[善]과 온전치 못함[不善]²⁸에 대한 앎

벗이여, 고귀한 제자는, 온전치 못함[不善]과 온전치 못함의 뿌리[不善根]에 대해서 알고 있고, 온전함[善]과 온전함의 뿌리[善

---

28 온전함[善]과 온전치 못함[不善]은 *kusala*와 *akusala*의 번역이다. 좋음과 좋지 않음으로 번역할 수도 있다. 열반에 이르는 데 도움이 되고, 유익한 것을 *kusala*라고 하여 유익함이라고도 번역하고, 열반에 이르는 데 방해가 되고 해로운 것을 *akusala*라고 하여 해로움이라고도 번역한다. 영어로는 *kusala*를 'wholesome' 또는 'skillful', *akusala*는 'unwholesome' 또는 'unskillful'로 번역한다.

根]에 대해서 알고 있다. 벗이여, 바로 이와 같은 이유에서 고귀한 제자는 바른 견해가 있는 것이며, 진리[法]에 대해서 흔들리지 않는 청정함을 갖추고 있는 것이며, 이 정법正法에 이른 것이다.

벗이여, 온전치 못함과 온전치 못함의 뿌리란 무엇인가?

온전함과 온전함의 뿌리란 무엇인가?

먼저 온전치 못함이란 무엇인가?

〈신체 행위[身業]〉

(1) 생명을 해치는 것은 온전치 못하다.

(2) 주지 않는 것을 취하는 것은 온전치 못하다.

(3) 잘못된 성적인 관계는 온전치 못하다.

〈언어 행위[口業]〉

(4) 거짓말하는 것은 온전치 못하다.

(5) 남을 이간시키는 말은 온전치 못하다.

(6) 거친 말은 온전치 못하다.

(7) 꾸며서 하는 말은 온전치 못하다.

〈마음의 행위[意業]〉

(8) 탐욕은 온전치 못하다.

(9) 분노는 온전치 못하다.

(10) 잘못된 견해는 온전치 못하다.

벗이여, 이것들을 온전치 못함[不善]이라고 한다.

이 열 가지 법을 온전치 못한 행위의 길이라고 한다.

벗이여, 온전치 못함의 뿌리[不善根]란 무엇인가?

탐욕[貪]이 온전치 못함의 뿌리이고,

분노[瞋]가 온전치 못함의 뿌리이며,

무지[癡]가 온전치 못함의 뿌리이다.

벗이여, 온전함이란 무엇인가?

〈신체 행위[身業]〉

(1) 생명을 해치지 않는 것은 온전하다.

(2) 주지 않는 것을 취하지 않는 것은 온전하다.

(3) 잘못된 성적인 관계를 하지 않는 것은 온전하다.

〈언어 행위[口業]〉

(4) 거짓말을 하지 않는 것은 온전하다.

(5) 남을 이간시키는 말을 하지 않는 것은 온전하다.

(6) 거친 말을 하지 않는 것은 온전하다.

(7) 꾸며서 하는 말을 하지 않는 것은 온전하다.

〈마음의 행위[意業]〉

(8) 탐욕 없는 것은 온전하다.

(9) 분노 없는 것은 온전하다.

(10) 바른 견해는 온전하다.

벗이여, 이것들을 온전함[善]이라고 한다.

이 열 가지 법을 온전한 행위의 길이라고 한다.

벗이여, 온전함의 뿌리[善根]란 무엇인가?

탐욕 없음[無貪]이 온전함의 뿌리이고,

분노 없음[無瞋]이 온전함의 뿌리이며,

무지 없음[無癡]이 온전함의 뿌리이다.

《中部》 9 〈正見經〉 MN I 46~47.

법의 세 가지 특성[三法印]에 대한 앎

비구들이여, 어떤 비구가 물질[色]은 영원하지 않다[無常], 괴로움[苦]이다, 영원한 실체가 없다[無我]라고 본다면, 느낌[受]은 …, 지각[想]은 …, 형성[行]은 …, 의식[識]은 영원하지 않다[無常], 괴로움[苦]이다, 영원한 실체가 없다[無我]라고 본다면, 그에게는 바른 견해가 있는 것이며, 이처럼 바르게 보아 싫어해서 멀리하게 된다. 따라서 (다섯 가지 무더기에 대해) 즐기는 마음을 소멸했기 때문에 탐욕이 없어지고, 탐욕이 소멸했기 때문에 즐기는 마음이 없다. 즐기는 마음과 탐욕의 소멸에 의해서 마음은 자유로워지고 잘 해탈한다.

《相應部》 22:51 〈喜盡〉 SN III 51.

부적절한 질문

말룽키야풋타여, 어떤 사람이 다음과 같이 말한다고 하자. 만일 세존께서 다음과 같은 문제에 대해서 말씀해 주시지 않는다면, 나는 세존에게서 청정한 삶[梵行]을 닦지 않으리라.

세계는 영원한가 아니면 영원하지 않은가.

세계는 끝이 있는가 아니면 끝이 없는가.

영혼(생명)은 육체와 동일한가 아니면 영혼과 육체는 별개의 것인가.

여래tathāgato는 사후에 존재하는가 아니면 존재하지 않는가. 존재하며 존재하지 않기도 하는가 아니면 결코 존재하지 않으며 존재하지 않는 것도 아닌가.

이러한 문제들에 대해, 여래가 그 사람에게 미처 다 설명하기도 전에 그 사람은 죽음을 맞이하게 될 것이다.

예를 들면, 독이 잔뜩 묻어 있는 화살에 맞은 어떤 사람이 있다고 하자. 그의 친구들과 친척들이 그를 외과 의사에게 데리고 가려고 할 때, 그는 다음과 같이 말한다. 만일 다음과 같은 사항들을 알지 못하면 나는 이 화살을 뽑지 않을 것이다. 즉, 나에게 활을 쏜 사람은 어떤 사람인가. 그는 바라문인가, 무사인가, 평민인가, 노예인가. 이름은 무엇이고 어느 종족의 사람인가. 그의 키는 큰가 작은가 아니면 중간 정도인가. 이 모든 것들을 미처 알기도 전에 그 사람은 죽음을 맞이하게 될 것이다.

바로 이와 같이 말룽키야풋타여, 어떤 사람이 다음과 같이 말한다고 하자. 만일 세존께서 다음과 같은 문제에 대해서 말씀해 주시지 않는다면, 나는 세존에게서 청정한 삶[梵行]을 닦지 않으리라. 세계는 영원한가 아니면 영원하지 않은가 운운. 이러한 문제들에 대해, 여래가 그 사람에게 미처 다 설명하기도 전에 그 사람은 죽음을 맞이하게 될 것이다. … 말룽키야풋타여, 세계는 영원하다는 견해를 지니고 있다 하더라도, 아니면 세계는 영원하지 않다는 견해를 지니고 있다 하더라도 … 태어남이 있으며, 늙음이 있으며, 죽음이 있으며, 슬픔, 비탄, 고통, 비애 그리고 절망이 있다. 그리고 이러한 것들[苦]의 소멸이 바로 이 생에서 얻어질 수 있는 것임을 나는 알게 되었다.

《中部》 63 〈말룽키야풋타小經〉 MN I 431.

자신의 행복을 구하는 사람은

자신의 (탐·진·치貪瞋癡라는) 화살을 뽑아라.

《숫따니빠아따》 Sn 592.

다섯 가지 족쇄

아난다여, 여기 가르침을 듣지 못한 범부, 성인聖人들을 만나지 못한 사람, 고귀한 법을 잘 알지 못하는 사람, 고귀한 법에서 잘 인도 받지 못한 사람이 있다. 그 사람은 성인들을 만나지 못하고, 고귀한 법을 잘 알지 못하고, 고귀한 법에서 잘 인도 받지 못했기 때문에, 그의 마음은 유신견(有身見, 自身見이라고도 하며, 다섯 무더기[五蘊]와 영원한 자아自我가 모종의 관련이 있다는 견해. 간단히 말하면, 자신의 육체와 정신이 영원한 자아라고 하는 견해 - 옮긴이)에 결박되어 있으며, 유신견에 의해 정복되어 있어서, 유신견에서 벗어나 있는, 있는 그대로[如實]의 진리를 알지 못한다. 또한 그의 마음은 회의적인 의심[疑]에 결박되어 있으며, … 계금취견(戒禁取見: 어떤 계율이나 금지조항에 집착하여 그것들을 지킴에 의해 해탈에 이를 수 있다는 견해 -옮긴이)에 결박되어 있으며, … 감각적 쾌락에 대한 욕망[愛欲]에 결박되어 있으며, … 악의惡意에 결박되어 있으며, 악의에 의해 정복되어 있어서, 악의에서 벗어나 있는, 있는 그대로의 진리를 알지 못한다.

《中部》 64 〈말룽키야풋타大經〉 MN I 433~434.

이치에 맞지 않는 사유

사유할만한 가치가 있는 법들을 모르고 사유할 만한 가치가 없는 법들을 모르는 사람은, 사유할 만한 가치가 있는 법들을 사유하지 않고, 사유할 만한 가치가 없는 법들을 사유한다. 그는 다음과 같이 이치에 맞지 않는 사유를 한다.

'나는 과거생[前生]에 존재했었을까 아니면 존재하지 않았었을까. 나는 과거생에 무엇이었을까. 나는 과거생에 어떻게 존재했었을까. 나는 과거생에 무엇이었고 어떠한 변화가 있었을까.'

'나는 미래생[來生]에 존재할 것인가 아니면 존재하지 않을 것인가. 나는 미래생에 무엇으로 존재할 것인가. 나는 미래생에 어떻게 존재할 것인가. 나는 미래생에 어떻게 존재하며 어떤 변화가 있을 것인가.'

또한 바로 현재에도 다음과 같은 의문으로 가득 차 있다. '도대체 나는 있는 것인가 아니면 없는 것인가. 나는 무엇인가. 나는 어떻게 존재하는가. 이 존재는 어디에서 와서 어디로 가는 것일까.'

《中部》2 〈一切漏經〉 MN I 7.

자아에 대한 여섯 가지 견해

이와 같이 이치에 맞지 않는 사유로부터, 그에게는 다음의 여섯 가지 견해 가운데 어떤 견해가 생겨난다.

1. '나에게는 자아(아트만)가 있다'
2. '나에게는 자아(아트만)가 없다'
3. '나는 자아에 의해서 자아를 지각한다'
4. '나는 자아에 의해서 자아가 없음[無我]을 지각한다'
5. '나는 무아에 의해서 자아를 지각한다'
6. '나에게는 말하고 느끼고, 여기저기서 선한 행위와 악한 행위의 과보를 감수하는 자아가 있는데, 바로 그 자아는 영원하고, 지속적이며, 무한하며, 변하지 않는 성질을 지니고 있으며, 영원히 똑같은 상태로 남아있을 것이다.'라고.

《中部》2〈一切漏經〉MN I 8.

비구들이여, 만일 자아가 있다면, 나의 자아에 속한 것도 있을 것이라고 할 수 있는가? 그렇습니다. 세존이시여, 만일 자아가 있다면, 자아에 속한 것도 있을 것입니다. 비구들이여, 자아에 속한 것이 있을 때, 나의 자아가 있다고 할 수 있는가? 그렇습니다. 하지만, 비구들이여, 자아나 자아에 속한 것도 진실로 그리고 실재로 발견할 수 없다면, '그것은 세계이다, 그것은 자아이다, 그것은 죽은 후, 상주常住하는 것, 견고한 것, 영원한 것, 불변하는 속성을 지닌 것, 영원히 그대로 머물 것이다.'라고 하는 견해의 근거는, 비구들이여, 정말로 어리석은 것이 되지 않겠는가.

《中部》22 〈蛇喩經〉 MN I 138.

이치에 맞는 사유

하지만, 비구들이여, 성인으로 알려져 있는, 배움이 있는 고귀한 제자들은 성인의 가르침을 알고 있으며, 고귀한 가르침에 의해서 잘 인도 받는다. 그들은 무엇이 이치에 맞는 사유이며, 무엇이 이치에 맞지 않는 사유인가를 잘 알고 있다. 그는 '이것은 괴로움이다.'라고 이치에 맞게 사유한다. 그는 '이것은 괴로움의 발생이다.'라고 이치에 맞게 사유한다. 그는 '이것은 괴로움의 소멸이다.'라고 이치에 맞게 사유한다. 그는 '이것은 괴로움의 소멸에 이르는 길이다.'라고 이치에 맞게 사유한다.

《中部》2 〈一切漏經〉 MN I 8~9.

수타원 - 성인의 흐름에 들어선 사람

이러한 (이치에 맞는) 사유에 의해서 세 가지 족쇄가 사라진다. 오온을 영원한 자아라고 보는 자아에 대한 환상[有身見], 회의적인 의심[疑], 단순한 의례나 금기에 대한 집착[戒禁取見].

《中部》2〈一切漏經〉MN I 9.

이러한 세 가지 족쇄가 사라져버린 비구들을 수타원, 성인의 흐름에 들어선 이, 파멸되지 않는 이, 결정된 이, 깨달음에 이르는 이라고 한다.

《中部》22〈蛇喩經〉MN I 141~142.

* **열 가지 족쇄**
중생들을 존재의 세계에 붙들어 매어 놓는 열 가지의 족쇄가 있다.

오하분결五下分結
(1) 유신견有身見 – 오온을 영원한 자아라고 보는 견해
(2) 회의적인 의심 – 불·법·승, 삼보에 대한 의심
(3) 계금취견戒禁取見 – 계율이나 금기에 대한 집착
(4) 감각적 쾌락에의 욕망
(5) 악의惡意

오상분결五上分結
(6) 색계色界에 대한 욕망
(7) 무색계無色界에 대한 욕망
(8) 아만我慢 – '나'라고 하는 마음

(9) 들뜸

(10) 무명無明 - 무지

* 聖人-고귀한 사람들: 사향사과四向四果 또는 사쌍팔배四雙八輩

[1] 수타원: 흐름에 들어선 성인 - 예류預流

중생들을 존재의 세계에 붙들어 매어 놓는 열 가지의 족쇄 가운데
에서 처음의 세 가지 족쇄 [(1) 유신견 - 오온을 영원한 자아라고 보는 견해
(2) 회의적인 의심 (3) 계금취견 - 계율이나 금기에 대한 집착]에서 벗어난 사
람을 '수타원 (소타판나 Sotāpanna) - 흐름에 들어선 이'라고 한다. 즉,
열반에 이르는 흐름에 들어선 사람이라는 뜻이다.

[2] 사타함: 한 번 되돌아오는 성인 - 일래一來

열 가지 족쇄 가운데, 네 번째(감각적 쾌락에의 욕망)와 다섯 번째(악의)
족쇄를 약화시켜, 거친 형태의 탐욕과 분노를 극복한 성자를 '사타
함(사카다가미 Sakadāgāmi) - 한 번 되돌아오는 이'라고 한다. 즉, 죽
은 후에 욕망의 세계[欲界]에 오직 한 번 더 태어나서 그곳에서 아
라한의 깨달음에 이르는 사람이라는 뜻이다.

[3] 아나함: 되돌아오지 않는 성인 - 불환不還

열 가지 족쇄 가운데, 욕망의 세계[欲界]에 존재들을 묶어 놓는, 처
음의 다섯 가지 족쇄[五下分結 ; 유신견, 의심, 계금취견, 욕망, 악의]에서
완전히 벗어난 성자를 '아나함 (아나가미 Anāgāmi) - 되돌아오지 않
는 이'라고 한다. 이들은 죽은 후에 인간의 세계를 포함한 욕망이
지배하는 세계인 욕계에는 다시 태어나지 않고, 미세한 물질의 세
계[色界]에 다시 태어나서 그곳에서 최상의 목표인 아라한의 깨달
음을 얻는다.

[4] 아라한: 완전한 성인 - 응공應供

열 가지 족쇄에서 완전히 벗어난 성인을 '아라한*Arahat* - 완전한 이'라고 한다. 아라한에게는 존재를 욕계에 묶어두는 번뇌인 오하분결뿐만 아니라, (6) 색계에 대한 욕망 (7) 무색계에 대한 욕망 (8) 아만 - '나'라고 하는 마음 (9) 들뜸 (10) 무명 - 무지라는 오상분결(五上分結: 존재를 색계 내지는 무색계라는 보다 차원 높은 세계에 묶어두는 번뇌)도 완전히 제거되어 있다. 아라한에게는 아만과 무지 그리고 안정되지 않은 들뜸이 없다.

앞에 말한 네 부류의 성인들은 각각 '도(道 *Magga*: 깨달음)'와 '과(果 *Phala*: 깨달음의 결과)'로 나누어진다. 즉, 수타원도와 수타원과로 나뉜다. 따라서 여덟 부류의 네 쌍의 성인[四雙八輩]들이 있게 된다.

'도'란 그에 상응하는 '과'에 들어서기 직전의 한 순간의 체험을 말한다. '과'는 '도'의 결과 즉시 뒤따르는 의식의 순간을 의미한다. 이 '과'의 체험은 상황에 따라서, 살아있는 동안에 수없이 반복되어 일어나기도 한다.[29]

자세한 내용은 《불교사전*Buddhist Dictionary*》의 '*Ariya-puggala*[聖시]', '*Sotāpanna*[수타원]' 등을 참조.

---

29 위 내용은 도와 과에 대한 테라와다불교의 설명이다. 도道와 과果는 원인과 결과를 말한다. 즉 수타원도는 원인이며 수타원과는 그 결과이다. 도를 깨달음을 얻는 순간의 체험이라 한다면, 과는 그 순간적인 체험의 다음 순간에 얻어지는 깨달음의 결과를 말한다. 여기서의 도道는 단순한 수행방법이라기보다는 깨달음의 체험의 순간을 말한다고 이해하는 것이 좋다. 이 도의 체험이 있은 직후에 과果가 이루어진다. 이 도와 과는 순간적으로 계기繼起한다.

두 가지 정견正見

(1) 세간의 바른 견해[世間正見]

세간의 바른 견해는 다음과 같다. 보시와 공양을 베푸는 것은 결실이 있다는 견해. 선행과 악행 둘 다 결실과 과보가 있다는 견해. 이 생生이 있는 것처럼 다음 생도 있다는 견해. 부모가 있어 태어나는 생명이 있는 것처럼 (죽은 후에 부모 없이) 즉시 태어나는[化生] (천상 등의) 존재도 있다는 것이 단지 말 뿐만은 아니라는 견해. 이 세상에는, 때가 없는 완전한 수행자와 종교인이 있어, 그들은 스스로 이해한 이생과 다음 생을 설명할 수 있다는 견해. 이러한 견해를, 번뇌가 남아 있는sāsava 복덕과 좋은 결실을 가져다주는 '(세간의) 바른 견해'라고 한다.

(2) 출세간의 바른 견해[出世間正見]

하지만 (수타원, 사타함, 아나함, 아라한의) 번뇌가 없는anāsava 도道와 결합되어 있는 지혜, 통찰, 바른 견해가 있다. 즉, 마음은 세간적인 것에서 고개를 돌려 추구하고 있던 성인聖人의 도와 결합되어 있다. 이러한 견해를, 세간적이지 않은, 출세간적이며 도와 결합되어 있는 '출세간의 바른 견해'라고 한다.

* 이처럼 두 가지의 팔정도가 있다. 두 가지의 팔정도란 아직 성인의 첫

번째 계위인 수타원이 되지 못한 범부가 닦는 세간의 팔정도와 성인이
닦는 출세간의 팔정도이다.

바른 견해[正見]와 다른 덕목과의 관계

잘못된 견해[邪見]를 잘못된 견해라고 분명히 알고, 바른 견
해를 바른 견해라고 알면서, '바른 견해'(첫 번째 덕목)를 닦는다.
잘못된 견해를 극복하고 바른 견해를 일으키기 위해서 노력하
는 가운데, 바른 노력[正精進: 여섯 번째 덕목]을 닦는다. 마음챙
겨 잘못된 견해를 버리고, 마음챙겨 바른 견해를 지니고 지낼
때[30], 그는 바른 마음챙김[正念: 일곱 번째 덕목]을 닦는 것이다.

따라서 바른 견해를 포함해서 항상 짝을 이루어 동반되는 세
가지 덕목이 있다. 바른 견해, 바른 노력, 바른 마음챙김이 그
세 가지이다.

《中部》 117 〈四十大經〉 MN III 71~78.

모든 견해에서 자유로워짐

어떤 이가 '고타마 붓다는 어떠한 견해를 취하십니까?'라고

---

30 *So sato micchādiṭṭhiṃ pajahati, sato sammādiṭṭhiṃ upasampajja viharati.*

묻는다면, 다음과 같은 답을 듣게 될 것이다. '여래如來는 모든 견해를 없애버렸다. 왜냐하면, 여래는 다음과 같은 사항을 이해하고 있기 때문이다. 즉, 이것이 물질[色]이다. 이것이 물질의 발생이다. 이것이 물질의 소멸이다. 이것이 느낌[受]이다. 이것이 느낌의 발생이다. 이것이 느낌의 소멸이다. 이것이 지각[想]이다. 이것이 지각의 발생이다. 이것이 지각의 소멸이다. 이것이 형성[行]이다. 이것이 형성의 발생이나. 이것이 형성의 소멸이다. 이것이 의식[識]이다. 이것이 의식의 발생이다. 이것이 의식의 소멸이다. 따라서 여래는 모든 견해, 모든 어림짐작, '나'라고 하는 모든 견해, 나의 것이라는 견해, '나'라는 잠재적 번뇌를 깨버렸고, 떠났으며, 멸했으며, 버렸고, 제거했으며, (사견이나 잠재적 번뇌가) 생겨나지 않아 해탈을 얻었다'고.[31]

《中部》 72 〈악기바차고타經〉 MN I 486.

존재하는 현상의 세 가지 특성[三法印]

비구들이여, 여래가 이 세상에 나타났거나 나타나지 않았거나 모든 형성된 것은 변하는 것이다[諸行無常]. 즉, 물질[色]은 변하는 것, 느낌[受]은 변하는 것, 지각[想]은 변하는 것, 형성[行]

---

31 이 경에서는 여래는 오온五蘊의 생멸에 대해서 있는 그대로 보고 알기 때문에 '자아' 또는 '나의 것'이라는 모든 사견에서 벗어나 해탈해 있음을 설명하고 있다.

은 변하는 것, 의식[識]은 변하는 것이라는 사실은 정해진 것이며, 법으로서 확정된 것이며, 법으로 결정된 것이다.

비구들이여, 여래가 이 세상에 나타났거나 나타나지 않았거나 모든 형성된 것은 괴로움이다[一切皆苦]. 즉, 물질[色]은 괴로움이며, 느낌[受]은 괴로움이며, 지각[想]은 괴로움이며, 형성[行]은 괴로움이며, 의식[識]은 괴로움이라는 사실은 정해진 것이며, 법으로서 확정된 것이며, 법으로 결정된 것이다.

비구들이여, 여래가 이 세상에 나타났거나 나타나지 않았거나 모든 존재하는 현상은 불변하는 실체가 없는 것이다[諸法無我]. 즉, 물질[色]은 불변하는 실체가 없는 것이며, 느낌[受]은 불변하는 실체가 없는 것이며, 지각[想]은 불변하는 실체가 없는 것이며, 형성[行]은 불변하는 실체가 없는 것이며, 의식[識]은 불변하는 실체가 없는 것이라는 사실은 정해진 것이며, 법으로서 확정된 것이며, 법으로 결정된 것이다.

《增支部》3:134 AN I 286.

* 위에서 말하는 '형성된 것[saṅkhāra 行]'이란 말은 모든 조건지어진 것, 만들어진 것[有爲法]이라는 의미를 함축하고 있다. 즉, 존재를 구성하고 있는 모든 물질·정신을 말한다. 하지만 '법dhamma 法'이라는 말은 보다 넓은 의미를 함축하고 있으며, 조건지어지지 않은 현상[無爲]인 열반까지도 의미하는, 모든 것을 포괄하는 개념이다. 이 때문에 모든 존재하는 현상[法]이 영원하지 않고, 변하기 쉽다고 말하는 것은 잘못된 것이

다. 같은 이유로 모든 형성되어진 것[諸行] 뿐만 아니라, (형성된 것이 아닌 무위법無爲法을 포함한) 모든 존재하는 현상도 영원한 실체로서의 자아가 없음[無我]을 말하는 것은 올바르다.

영원하며, 지속적이고, 항상하며, 변하지 않는 물질[色], 느낌 [受], 지각[想], 형성[行], 의식[識], 이러한 것들을 이 세상의 어떠한 현인도 알지 못하며, 나도 또한 그러한 것들은 없다고 말한다.

《相應部》22:94 〈華〉 SN III 139.

바른 견해를 지니고 있는 사람이 그 무엇을 자아라고 간주하는 것은 불가능한 일이다.

《增支部》1:15 AN I 27.

자아에 대한 견해[我見]

아난다여, '감각적인 느낌이 나의 자아이다.'라고 말하는 사람이 있다면, 그는 다음과 같은 질문에 답해야 할 것이다.

'감각적인 느낌에는 세 가지가 있다. 즐거운 느낌[樂受], 괴로운 느낌[苦受], 즐겁지도 괴롭지도 않은 느낌[不苦不樂受]이 그 세 가지이다. 이 세 가지 감각적인 느낌 가운데 어느 것을 당신의 자아라고 여기겠는가.' 이 세 가지 감각적인 느낌 가운데 어느 한 가지를 경험하고 있을 때는 다른 두 가지 느낌은 없다. 세 가지의 감각적인 느낌은 변하기 쉽고[無常], 조건에 의해 생겨나고, 소멸되어 파괴되기 쉽고, 시들어 버려 단절되기 쉽다. 이 세 가지의 감각적인 느낌 가운데 어느 하나를 경험하고 있는 사람이 있어서, '이 느낌이 나의 자아이다.'라고 생각한다면 그는 그 느낌이 사라진 후에는 자신의 자아도 사라져버렸다고 인정해야만 할 것이다. 그리고 그는 현재의 삶에서 자신의 자아가 변해 버리기 쉽고, 즐거움과 괴로움으로 뒤범벅되어 있으며, 생겨났다가는 소멸해 버리는 것으로 이미 간주해 버린 것이 된다.

아난다여, 만일 어떤 사람이 감각적인 느낌은 자신의 자아가 아니며, 감각적인 느낌에 의해서는 자신의 자아에 다가갈 수 없다고 말한다면, 그는 다음의 질문에 답해야 할 것이다. '자 그럼 당신에게서 감각적인 느낌이 없는 곳이 있다면, 그때 당신은 '이것이 나이다.'라고 말할 수 있겠는가.'

아난다여, 어떤 사람은 다음과 같이 말할지도 모른다. '감각적인 느낌은 정말로 나의 자아는 아니다. 하지만 감각적인 느낌에 의해서 자아에 다가갈 수 없다고 하는 것도 옳지 못하다. 왜냐하면, 느끼는 주체는 나의 자아이며, 나의 자아가 느끼는 능력을 가지고 있기 때문이다.' 이러한 사람은 다음의 질문에 답해야 할 것이다. '감각적인 느낌이 모두 완전히 사라져 버렸다고 가정해 보자. 자 느낌들이 모두 사라져 버린 후, 어떤 느낌도 남아 있지 않을 때, '이것이 나의 자아이다.'라고 말할 수 있겠는

가.' '말할 수 없습니다.'

《長部》 15 〈大緣經〉 DN II 66~67.

'눈[眼]이 자아이다.'라고 말하는 사람이 있다면, 이런 주장은 적절하지 못하다. 눈에는 생겨남도 소멸함도 있음이 확인된다(paññāyati). (눈이 자아라고 주장한다면) 자아에는 생겨남도 소멸함도 있게 된다는 결론에 이르게 된다. 따라서 '눈[眼]이 자아이다.'라는 주장은 적절하지 못하다. 그러므로 눈은 무아無我이다.

(이와 마찬가지로) 형태나 색깔[色]은 무아이며, 눈의 의식[眼識]은 무아이며, 눈의 접촉[眼觸]은 무아이며, (눈의 접촉에 의해 생긴) 느낌[受]은 무아이며, (느낌에 의해 생긴) 갈망[渴愛]은 무아이며, 내지 마음[意]은 무아이며, 마음의 대상[法]은 무아이며, 마음의 의식[意識]은 무아이며, 마음의 접촉[意觸]은 무아이며, (마음의 접촉에 의해 생긴) 느낌은 무아이며, 갈망[渴愛]은 무아이다.[32]

《中部》 148 〈六六經〉 MN III 282~283.

---

[32] 이 경전은 이른바 여섯 감각기관[六根]과 감각대상[六境], 여섯 가지 의식[六識] 그리고 이 세 가지의 접촉[六觸], 느낌[六受], 갈망[六愛]으로 이어지는, 일련의 연기법緣起法의 체계가 생멸하는 현상이기 때문에 이러한 현상에는 자아가 없다는 무아의 입장을 밝힌 경전이다.

비구들이여, 배움이 없는[無聞] 범부는 네 가지 요소(四大: 地·水·火·風)에 의해 이루어진 육신을 자아라고 여기는 것이 마음을 자아라고 여기는 것보다 낫다. 왜냐하면, 비구들이여, 이 네 가지 요소로 이루어진 육신은 1년 동안 지탱되며, 2년 동안 지탱되며, 3년, 4년, 5년 또는 10년, 길게는 100년 이상이나 지탱된다. 하지만 마음[心], 의意, 의식[識]이라고 불리는 것은 하루 밤, 하루 낮 동안에도 하나가 생겨났다가 사라지면, 다른 것이 생겨났다가는 사라지는 끊임없는 생멸이 이어지기 때문이다.[33]

《相應部》12:62〈無聞經〉 SN II 96.

그러므로 비구들이여, 그 어떤 물질적인 현상[色]이라도, 그것이 과거의 것이건 미래의 것이건 현재의 것이건, 내적인 것이건 외적인 것이건, 거친 것이건 미세한 것이건, 저열한 것이건 뛰어난 것이건, 멀리 있는 것이건, 가까이 있는 것이건, 이 물질은 나의 것이 아니며, 나가 아니며, 나의 자아가 아니라고 바른 지혜에 의해, 있는 그대로 보아야 한다.

《相應部》22:59〈五比丘經〉 SN III 68.

---

33 순간순간 변화하는 마음보다 육체를 자기라고 보는 것이 낫다는 가르침이다. 그러나 결국 이 육신도 끊임없이 생멸하는 사실을 파악하면, 육신이 자아라는 견해도 버리게 될 것이다.

＊ 오온의 무상, 고, 무아에 대한 앎이 있을 때, '자아'이니 '나의 것'이니
   하는 견해가 없어진다.
   무아無我를 보여주고 존재의 비실체성[空](emptiness of existence)을 말
   하기 위해서 청정도론에서는 다음의 게송을 인용하고 있다.

   괴로움이 있을 뿐, 괴로움을 받는 자는 없다.
   행위[業]가 있을 뿐, 행위를 하는 자는 없다.
   열반이 있을 뿐, 열반에 들어가는 자는 없다.
   길[道]이 있을 뿐, 그 길[道]을 가는 자는 없다.

   《清淨道論》XVI, Vism 513.

과거, 현재, 미래 그리고 자아

(세존이 묻는다)

칫타*Citta*여, 만일 사람들이 그대에게 다음과 같이 질문한다
면 어떻게 답하겠는가.

'당신은 과거에 존재했었습니까? 당신은 과거에 존재하지 않
았다고 할 수는 없습니까? 당신은 미래에 존재할 것입니까? 당
신은 미래에 존재하지 않을 것이라고 할 수는 없습니까? 당신은
현재 존재하고 있습니까? 당신은 현재 존재하지 않는다고 할 수
는 없습니까?'라고.

(칫타는 답한다)

세존이시여, 만일 이와 같이 질문을 받는다면 다음과 같이 답할 것입니다.

'나는 과거에 존재했었습니다. 나는 과거에 존재하지 않았다고 할 수는 없습니다. 나는 미래에 존재할 것입니다. 나는 미래에 존재하지 않을 것이라고 할 수는 없습니다. 나는 현재 존재하고 있습니다. 나는 현재 존재하지 않는다고 할 수는 없습니다.'라고.

(세존이 다시 묻는다)

그러면 칫타여, 만일 사람들이 그대에게 다음과 같이 질문한다면 어떻게 답하겠는가.

'당신에게 과거의 자아의 획득이 있었을 때, 바로 그 자아의 획득만이 진실이었습니까? 미래의 것은 허망한 것이었습니까? 현재의 것은 허망한 것이었습니까? 당신에게 미래의 자아의 획득이 있을 때, 바로 그 자아의 획득만이 진실이겠습니까? 과거의 것은 허망한 것입니까? 현재의 것은 허망한 것입니까? 당신에게 현재의 자아의 획득이 있을 때, 바로 그 자아의 획득만이 진실입니까? 과거의 것은 허망한 것입니까? 미래의 것은 허망한 것입니까?'라고.

(칫타는 답한다)

세존이시여, 만일 이와 같이 질문을 받는다면 다음과 같이 답할 것입니다.

'나에게 과거의 자아의 획득이 있었을 때, 바로 그 자아의 획득만이 그 당시 진실이었습니다. 미래의 것은 허망한 것이었습니다. 현재의 것은 허망한 것입니다. 나에게 미래의 자아의 획득이 있을 때, 바로 그 자아의 획득만이 진실입니다. 과거의 것은 허망한 것입니다. 현재의 것은 허망한 것입니다. 나에게 현재의 자아의 획득이 있을 때, 바로 그 자아의 획득만이 진실입니다. 과거의 것은 허망한 것입니다. 미래의 것은 허망한 것입니다.'라고.[34]

《長部》9〈포타파다經〉 DN I 200~201.

연기와 법

연기緣起를 보는 자, 그는 법法을 본다. 법을 보는 자, 그는 연

---

[34] 붓다와 칫타 테라와의 이러한 대화 후에, 붓다는 '자아를 획득한다.' 즉 자신의 자아를 얻는다는 말을 일반적으로 통용되는 언어의 표현(세속적인 진리)이라고 한다. 하지만 진실의 입장에서 보면, 자아는 없고[無我] 존재하는 것은 단지 조건에 의해서 생성했다가는 소멸해 가는 정신·물질[名色] 뿐이다. 과거·현재·미래에 걸쳐서 불변하는 자아라고 하는 것이 없을 뿐만 아니라, 각 시점에서 이해하는 자아도 결국은 끊임없이 생성·소멸해 가는 정신과 물질의 결합이라고 이해해야 한다.

기를 본다.[35]

《中部》28《象跡喩大經》MN I 190~191.

'자아'는 언어적인 표현에 불과

칫타여, 예를 들면 소에게서 우유가, 우유에서 요구르트가, 요구르트에서 생버터가, 생버터에서 버터가, 버터에서 크림(제호)이 생겨난다. 우유가 있을 때, 그것을 요구르트라거나 생버터라거나, 버터라거나, 크림(제호)이라고는 부를 수 없다. 바로 이와 같이, 과거의 나의 자아가 있었을 때, 미래와 현재의 나의 자아는 실재하지 않는 것이며, 현재의 나의 자아가 있을 때, 과거와 미래의 나의 자아는 실재하지 않는 것이며, 미래의 나의 자

---

35 위의 경문經文에 대해서는 여러 가지 해석이 있지만 다음과 같이 이해할 수 있다. 조건에 의존된 발생의 의미를 지닌 연기라고 하는 진리를 보는 자, 즉 정신과 물질을 위시로 한 여러 가지 현상들의 상호의존적인 발생관계를 깨닫는 자는 괴로움의 생존에서 벗어나는 진리로서의 법法을, 즉 구원의 진리 salvic truth인 열반을 얻는다. 열반으로서의 법을 깨달은 자는 다름 아닌 연기의 이치를 깨달은 자이다. 연기의 이치는 우리의 삶과 동떨어진 진리가 아니라 바로 한 순간 한 순간의 마음의 일어남과 몸의 움직임에서 확인되는 진리이며, 이처럼 자신의 마음과 육체에서 직접적으로 이해하고 체득한 연기법에 대한 파악은 바로 자신의 마음과 육체의 본질을 직접적으로 꿰뚫어 보는 것을 의미한다. 자신의 심신을 떠나서 진리를 발견한다는 것은 자기 집의 뜰에 매화를 두고 봄을 찾아 밖으로 헤매는 것과 같다. 주석서의 전통적인 해석에 의하면, 여기서 말하는 법은 조건에 의해서 생긴 현상으로서의 법[緣已生法 paṭiccasamuppanna-dhamma]인 오온五蘊을 말한다.

아가 있을 때, 과거와 현재의 나의 자아는 실재하지 않는 것이다. 과거의 자아, 현재의 자아, 미래의 자아라고 하는 이러한 표현들은 모두 세간의 호칭*loka-samaññā*이며, 세간의 언어*loka-nirutti*이며, 세간의 관용어*loka-vohārā*이며, 세간의 개념*loka-paññati*이다. 여래는 (애욕과 사견에) 집착하지 않고 이러한 용어들을 사용한다.[36]

《長部》9 〈포타파다經〉 DN I 201.

오온에 대한 무지

물질[色], 느낌[受], 지각[想], 형성[行], 의식[識]을 (실체가 없음 또는 무아임의 관점에서) 있는 그대로 알지 못하는 사람 그리고 이 다섯 무더기[五蘊]의 발생과 소멸 그리고 그것들의 소멸에 이르는 길을 알지 못하는 사람은 여래如來가 사후에 존재한다거나 존재하지 않는다거나 하는 견해에 빠지기 쉽다.[37]

《相應部》44:4 〈生起經〉 SN IV 386.

---

36 앞의 〈포타파다經〉(《長部》 9 DN I 200~201)의 경문에 이어지는 부분. 일상적인 의미에서 쓰이는 '자아'라는 용어를 여래는 그대로 사용하고 있지만 자아가 영원한 실체라고 하는 사견에 사로잡힘이 없이 자아에 대한 애착이 없이 사용한다는 의미로 이해할 수 있다. 무아를 이야기하는 불교에서도 '자아'라는 언어를 자주 사용하고 있지만(예: 자신을 섬으로 삼고 자신을 의지처로 삼아라) 이는 무아설에서 부정된 실체로서의 자아가 아니라, 실천의 주체로서의 자기 자신(현재의 마음과 몸)을 의미한다. 이때에도 영원하며, 불변하는 자아는 부정될 수밖에 없다.

37 인간을 구성하고 있는 실재인 오온五蘊에 대한 있는 그대로의 이해가 없는 이들은 여래의 사후 존재 여부에 대한 이런저런 사견에 빠진다는 말이다.

두 가지 극단과 중도中道

만일 어떤 사람이 생명[jīva 영혼]이 육체와 같다는 견해[斷見]를 고집한다면, 그는 고귀한 삶[梵行]을 영위하지 못할 것이다. 만일 어떤 사람이 생명은 육체와는 완전히 다른 것이라는 견해[常見]를 고집한다면, 이런 경우에도 역시 고귀한 삶은 불가능하다. 완전한 깨달음을 얻은 여래는 이 두 가지 극단을 버리고, 조건에 의한 발생[緣起]이라는 중도中道를 보여주었다.

《相應部》12:35 〈無明緣〉 SN II 61.

조건에 의한 발생[緣起]

무지[無明]를 조건으로 해서 업의 형성[行]이 있다. 업의 형성을 조건으로 해서 의식[識]이 있다. 의식을 조건으로 해서 정신·물질[名色]이 있다. 정신·물질을 조건으로 해서 여섯 가지 감각기관[六入]이 있다. 여섯 가지 감각기관을 조건으로 해서 접촉[觸]이 있다. 접촉을 조건으로 해서 느낌[受]이 있다. 느낌을 조건으로 해서 갈망[愛]이 있다. 갈망을 조건으로 해서 집착[取]이 있다. 집착을 조건으로 해서 존재양식[有]이 있다. 존재양식을 조건으로 해서 태어남[生]이 있다. 태어남을 조건으로 해서 늙음과 죽음[老死], 슬픔, 비탄, 고통, 비애, 절망이 있다. 이와 같이 괴로움의 무더기[苦蘊]가 생겨난다. 이것을 '괴로움의 발생의 고귀한 진리[苦聖諦]'라고 한다.

《相應部》12:1 〈法說〉 SN II 1.

어떠한 천신도 범천도 이 생사의 윤회를 만든 자는 아니다.
조건에 의존된, 갖가지 현상들[諸法]만이 펼쳐지는 것이다.

《清淨道論》 XIX, Vism 603.

하지만 비구들이여, 무지[無明]가 사라지고, 앎[明]이 생겨난 비구는 좋은 업[善業]을 쌓으려고 애쓰지도 않고, 좋지 않은 업[惡業]을 지으려고 애쓰지도 않으며, 흔들림이 없는 업의 형성을 쌓으려고도 하지 않는다.

《相應部》12:51 〈思量〉 SN II 82.

---

* 行 *saṅkhārā*이라는 말을 여기서는 업의 형성[*karma*-formation]이라고 번역해 보았다. 왜냐하면, 조건에 의존된 발생[緣起]의 맥락에서 行은 업의 성격을 띠는, 좋거나 좋지 않은 의도 또는 의도적인 행위를 말하기 때문이다. 간단히 말하자면 업(*karma, kamma*)을 말한다.

위 경전에서 제시된 세 가지 업은, 모든 존재 세계 또는 모든 의식 세계에서의 업의 행위를 의미한다. 좋은 업[善業]에 의해서는 색계色界까지 도달할 수 있으며, 흔들림 없는 업의 형성*āneñjābhisaṅkhārā*에 의해서만 무색계無色界에 도달할 수 있다.

무지[無明]의 남김 없는 소멸에 의해 업의 형성[行]의 소멸이 있다. 업의 형성의 소멸에 의해 의식[識]의 소멸이 있다. 의식의 소멸에 의해 정신·물질[名色]의 소멸이 있다. 정신·물질의 소멸에 의해 여섯 가지 감각기관[六入]의 소멸이 있다. 여섯 가지 감각기관의 소멸에 의해 접촉[觸]의 소멸이 있다. 접촉의 소멸에 의해 느낌[受]의 소멸이 있다. 느낌의 소멸에 의해 갈망[愛]의 소멸이 있다. 갈망의 소멸에 의해 집착[取]의 소멸이 있다. 집착의 소멸에 의해 존재양식[有]의 소멸이 있다. 존재양식의 소멸에 의해 태어남[生]의 소멸이 있다. 태어남의 소멸에 의해 늙음과 죽음[老死], 슬픔, 비탄, 고통, 비애, 절망의 소멸이 있다. 이것이 괴로움의 무더기[苦蘊]의 소멸이다.

《相應部》12:1 〈法說〉 SN II 1~2.

업 - 윤회의 원인

벗들이여, 실로 무지[無明]에 가리고, 갈망[愛]에 속박된 중생들은 여기저기서 즐거움을 찾아 헤맨다. 따라서 새로운 윤회의 생존이 계속 이어지는 것이다.

《中部》43 〈有明大經〉 MN I 294.

비구들이여, 탐욕[貪]에서 비롯된 업, 탐욕에서 생겨난 업, 탐욕을 원인으로 하는 업, 탐욕을 조건으로 하는 업, 분노[瞋]에서 비롯된 업, 분노에서 생겨난 업, 분노를 원인으로 하는 업, 분노를 조건으로 하는 업, 무지[癡]에서 비롯된 업, 무지에서 생겨난 업, 무지를 원인으로 하는 업, 무지를 조건으로 하는 업이 있다. 이러한 업이 있는 사람이 태어나는 곳, 그곳이 그 업이 무르익는 곳이다. 그 업이 무르익을 때, 현재의 삶[現生]이든지, 다음 생[來生]이든지, 아주 먼 후생이든지 간에, 그 업의 과보를 받게 된다.

《增支部》 3:33 AN I 134.

업의 소멸

벗들이여, 실로 무지[無明]가 없어짐에 의해, 앎[明]이 생겨남에 의해, 갈망의 소멸에 의해서 새로운 윤회의 생존은 없어진다.

《中部》 43 〈有明大經〉 MN I 294.

비구들이여, 탐욕의 버림[無貪]에서 비롯된 업, 탐욕의 버림에서 생겨난 업, 탐욕의 버림을 원인으로 하는 업, 탐욕의 버림을 조건으로 하는 업, 분노 없음[無瞋]에서 비롯된 업, 분노 없음에서 생겨난 업, 분노 없음을 원인으로 하는 업, 분노 없음을 조건으로 하는 업, 무지 없음[無癡]에서 비롯된 업, 무지 없음에서 생겨난 업, 무지 없음을 원인으로 하는 업, 무지 없음을 조건으로 하는 업이 있다. 이렇게 탐욕과 분노와 무지를 벗어남에 의해서, 마치 타라수 나무의 뿌리가 끊어져 다시는 싹이 나지 않는 것처럼, 윤회의 생존이 없어진다.

《增支部》3:33 AN I 135.

이렇기 때문에 사람들은 나에 대해서 다음과 같이 말할 것이다. '사문 고타마는 단절론자斷切論者이다. 단절을 위해서 법을 설한다. 단절이라는 방법으로 제자들을 가르친다.'고. 비구들이여, 나는 실로 단절을 말한다. 탐욕과 분노와 무지의 단절, 수많은 악하고 해로운 법들[惡不善法]의 단절을 나는 말한다.

《增支部》8:12 AN IV 183.

* 조건에 의한 발생[緣起]은 모든 정신·물질 현상의 상관성에 대한 가르침으로, 무아설과 함께 붓다의 가르침을 바르게 이해하고 깨닫는 데 없어서는 안 되는 초석이 되는 가르침이다. 일반적으로 인격이니, 사람이니, 동물이라는 명칭으로 불리는, 다양한 정신·물질의 과정들은 맹목적인 우연의 산물이 아니라 원인과 조건의 산물임을 연기의 가르침은 보여주고 있다. 무엇보다도 연기설은 윤회의 생존과 괴로움이 어떻게 조건에 의존되어 있는가를 설명해주고 있으며 그리고 다음으로는, 이러한 조건들의 제거를 통해서 이러한 괴로움을 없애는 방법을 보여주고 있다. 따라서 연기설은 사성제 가운데 두 번째의 괴로움의

발생의 진리[苦集聖諦]와 세 번째의 괴로움의 소멸의 진리[苦滅聖諦]를 분명히 설명해 주고 있다. 연기설은 바로 이 두 진리를 바탕에서부터 설명하면서, 이 두 진리에 대해서 확고한 철학적인 틀을 제공해 주는 방식으로 그 의미를 분명히 해주고 있다.

다음의 표는 12지 연기의 고리들이 어떻게 과거·현재·미래의 삼세에 걸쳐있는가를 한눈에 보여주고 있다.

12지 연기에 대한 전통적인 해석 삼세양중인과三世兩重因果

과거존재	1. 무명無明 2. 행行	업의 과정 (5원인: 1, 2, 8, 9, 10)
현재존재	3. 식識 4. 명색名色 5. 육입六入 6. 촉觸 7. 수受	윤회의 과정 (5결과: 3, 4, 5, 6, 7)
	8. 애愛 9. 취取 10. 유有	업의 과정 (5원인: 1, 2, 8, 9, 10)
미래존재	11. 생生 12. 노사老死	윤회의 과정 (5결과: 3, 4, 5, 6, 7)

8-10과 함께 1-2의 고리는 다섯 가지 윤회의 업인業因을 내포하고 있으며, 업의 과정을 의미한다.

11-12와 함께 3-7에 이르는 고리는 다섯 가지 업과業果를 내포하고 있으며, 윤회의 과정을 의미한다.

《무애해도無碍解道 Paṭisambhidāmagga》에 다음과 같이 설해져 있다.

다섯 원인이 과거에 있어서,

다섯 결과가 현재에 생겨났다.

현재, 다섯 가지 원인이 있으면,

미래에 다섯 가지 결과가 생겨날 것이다.

《淸淨道論》XVII, Vism 579에서의 인용〉

자세한 설명은 《불교의 기초 *Fundamentals of Buddhism*》 3장과 《불교사전 *Buddhist Dictionary*》 참조.

바른 사유[正思惟]

비구들이여, 바른 사유란 무엇인가. 감각적인 욕망이 없는[出離 *nekkhamma*] 사유, 나쁜 의도가 없는[無惡意 *abyāpāda*] 사유, 해치려는 의도가 없는[無害 *avihiṃsā*] 사유, 이것이 바른 사유이다.

《長部》22〈大念處經〉DN II 312.

두 가지의 바른 사유

비구들이여, 바른 사유에는 두 가지가 있다. 두 가지란 세간적인 바른 사유와 출세간적인 바른 사유이다.

감각적인 욕망이 없는 사유, 나쁜 의도[惡意]가 없는 사유, 해치려는 의도가 없는 사유, 이것을 일컬어 번뇌가 남아 있는 세

간의 바른 사유라 한다. 이 세간적인 바른 사유에 의해서 복덕
과 좋은 결실을 얻는다.

하지만, 비구들이여, 고귀하고, 번뇌가 없으며[無漏], 출세간
의 깨달음의 요소인 바른 사유가 있다. 고귀한 성자聖者의 마음,
번뇌가 없는 마음, 성자의 도道를 성취시키는, 성자의 도를 닦은
결과로서의 사고思考, 분별, 사유, 몰두, 마음을 오롯이 함, 마음
의 언어적 잠재력[語行], 이것들이 비구들이여, 고귀하고, 번뇌
가 없으며[無漏], 출세간의 깨달음의 요소인 바른 사유이다.

다른 덕목과의 관계

비구들이여, 잘못된 사유를 잘못된 사유라고 분명히 알고,
바른 사유를 바른 사유라고 알 때, 그는 바른 견해[正見: 첫 번째
덕목]를 닦는 것이다. 잘못된 사유를 없애고, 바른 사유를 일으
키려고 노력할 때, 그는 바른 노력[正精進: 여섯 번째 덕목]을 닦
는 것이다. 마음챙겨 잘못된 사유를 극복하고, 마음챙겨 바른
사유를 지니고 지낼 때, 그는 바른 마음챙김[正念: 일곱 번째 덕
목]을 닦는 것이다. 따라서 바른 사유는 세 가지 덕목이 동반되
어 생겨난다. 즉, 바른 견해, 바른 노력, 바른 마음챙김이 그 세
가지이다.

《中部》117〈四十大經〉MN III 72~73.

바른 언어[正語]

바른 언어의 정의

바른 언어란 무엇인가?

1. 거짓말[妄語]을 삼감

여기 어떤 사람이 있어서 거짓말을 버리고 거짓말을 삼가고,
진실을 말하고 진실을 따르며, 신뢰할 만하고, 성실하며, 세상 사
람들을 속이지 않는다. 그 사람이 어떤 모임에 있을 때, 사람들
과 함께 있을 때, 친척들과 함께 있을 때, 조합에 있을 때 또는 국
가의 법정에 있을 때, 증인으로 불려가 알고 있는 것을 말하라고
질문 받으면, 그는 모르면 모른다, 알면 안다고 대답한다. 본 것
이 있으면 보았다고, 본 것이 없으면 보지 않았다고 대답한다. 이
처럼 그는 자신의 이익을 위해서, 다른 사람의 이익을 위해서 또
는 그 어떤 이익을 위해서도 결코 거짓말하지 않는다.

2. 이간질하는 말[兩舌]을 삼감

그는 이간질하는 말을 버리고, 이간질하는 말을 삼간다. 그
는 여기에서 들은 말을 저기에서 되풀어 말하지 않는다. 양방의
싸움의 원인이 되기 때문이다. 또한 그는 저기에서 들은 말을

여기에서 되풀어 말하지 않는다. 양방의 싸움의 원인이 되기 때문이다. 이처럼 그는 사이가 안 좋은 양방의 말을 듣고, 이들을 잘 화합시키고, 서로 잘 지내라고 관계를 개선시켜준다. 서로 화합한 사람들은 그를 기쁘게 하며, 그는 화합을 즐기며, 반가워한다. 이렇게 그는 서로 이간질하는 말을 피하고 양방을 화해시키는 말을 함으로써 화합을 도모한다.

3. 거친 말[惡口]을 삼감

그는 거친 말을 버리고, 거친 말을 삼간다. 그는 부드럽고 귀에 거슬리지 않으며, 마음에 와 닿는 포근한 말을 하며, 용기를 북돋아 주는 말을 하고, 우정 어린 말을 하고, 많은 사람들이 받아들일 수 있는 말을 한다.

* 《중부中部》 21경 〈톱의 비유경鋸喩經〉, MN Ⅰ 129에서 붓다는 다음과 같이 말씀하셨다. "비구들이여, 도둑이나 살인자가 톱으로 그대들의 사지를 자를 경우에, 그대들이 그곳에서 화를 낸다면, 나의 가르침을 거스르는 것이다. 따라서 다음과 같이 그대들은 스스로 자신을 잘 다스려야 한다 '마음은 동요가 없으리라. 입으로는 나쁜 말을 내뱉지 않으리라. 자애롭고 연민에 가득 찬 마음으로 있으리라. 마음속에 숨겨둔 그 어떤 나쁜 생각도 없이. 넓고, 깊고, 한없는 사랑의 마음으로 성냄과 미워함이 없이 그 사람을 대하리라.'"라고.

4. 쓸모없는 말[綺語]을 삼감

그는 쓸모없는 말을 버리고, 쓸모없는 말을 삼간다. 그는 적
절한 때에 사실에 근거해서 유용한 것을 말하며, 가르침[法]과
계율[律]에 대해서 말한다. 그의 말은 보배와 같아, 적절한 때에
조리에 맞고, 부드럽게 그러면서도 의미 있는 말을 한다. 이것을
바른 언어라고 한다.

《增支部》10:176. AN V 267.

세간의 바른 언어와 출세간의 바른 언어

비구들이여, 두 가지의 바른 언어가 있다. 세간世間의 바른
언어와 출세간出世間의 바른 언어이다.

거짓말을 삼가는 것, 이간질하는 말을 삼가는 것, 거친 말을
삼가는 것, 쓸모없는 말을 삼가는 것, 이것을 세간적인 바른 언
어라고 한다. 하지만 세간적인 바른 언어에는 번뇌가 남아 있으
며[有漏], 복덕과 좋은 결실이 생긴다.[38]

거짓말, 이간질하는 말, 거친 말, 쓸모없는 말을 삼가며, 멀리
하고[遠離], 없애버리고, 하나하나 제거하면서, 고귀한 마음을

---

38 세간적인 바른 언어를 행하더라도 깨달음이 없으면 여전히 번뇌가 남아있다.
하지만 이러한 바른 언어에 의해서 공덕이 생기므로 좋은 결과가 생긴다고 한
것이다.

지니고, 번뇌가 없는 마음을 지니며, 고귀한 도[聖道]와 관련된 바른 언어가 있다. 이것을 출세간의 바른 언어라고 한다.

다른 덕목과의 관계

잘못된 언어를 잘못된 언어로 아는 것, 바른 언어를 바른 언어로 아는 것, 이것을 바른 견해[正見: 첫 번째 덕목]라고 한다. 잘못된 언어를 삼가고 바른 언어를 행하는 것, 이것을 바른 노력[正精進: 여섯 번째 덕목]이라고 한다. 마음챙겨 잘못된 언어를 삼가고, 마음챙겨 바른 언어를 지니고 지내는 것, 이것을 바른 마음챙김[正念: 일곱 번째 덕목]이라고 한다. 이처럼 세 가지 바른 덕목이 바른 언어와 동반된다.

《中部》117 〈四十大經〉 MN III 73~74.

바른 행위[正業]

바른 행위의 정의

바른 행위란 무엇인가?

1. 살생을 하지 않음[不殺生]

여기 어떤 사람이 살아 있는 생명을 죽이는 일을 피하고 삼간다. 몽둥이를 버리고, 칼을 버리며, 부끄러움을 알고, 연민의 마음을 지니고 모든 살아있는 생명을 위해서 자비심을 지니고 살아간다.

2. 주어지지 않은 것을 취하지 않음[不偸盜]

그는 주어지지 않은 것을 가지는 일을 피하고 삼간다. 마을이나 숲에 있는 것이거나 다른 사람의 재산이나 소유물이라면 어떤 것이라도 훔치려는 의도로 취하지 않는다.

3. 잘못된 성행위를 하지 않음[不邪淫]

그는 잘못된 성행위를 피하고 삼간다. 아버지, 어머니, 부모, 형제, 자매, 친척의 보호 아래에 있는 사람, 결혼한 사람, 범죄자, 다른 사람의 약혼자와의 성적인 접촉을 삼간다.

이처럼 살생, 도둑질, 잘못된 성행위를 하지 않는 것을 바른 행위라고 한다.

《增支部》10:176 AN V 266~267.

세간의 바른 행위와 출세간의 바른 행위

살생을 삼가는 것, 도둑질을 삼가는 것, 잘못된 성행위를 삼가는 것, 이를 세간의 바른 행위라고 한다. 하지만 세간적인 바른 행위에는 번뇌가 남아 있으며[有漏], 좋은 결과가 생긴다.[39]

살생, 도둑질, 잘못된 성행위를 삼가며, 멀리하고[遠離], 없애 버리고, 하나하나 제거하면서, 고귀한 마음을 지니고, 번뇌가 없는 마음을 지니며 고귀한 도[聖道]와 관련된 바른 행위가 있다. 이것을 출세간의 바른 행위라고 한다.

다른 덕목과의 관계

잘못된 행위를 잘못된 행위로 아는 것, 바른 행위를 바른 행위로 아는 것, 이것을 바른 견해[正見: 첫 번째 덕목]라고 한다. 잘못된 행위를 삼가고 바른 행위를 행하는 것, 이것을 바른 노력[正精進: 여섯 번째 덕목]이라고 한다. 마음챙겨 잘못된 행위를 삼가고, 마음챙겨 바른 행위를 지니고 지내는 것, 이것을 바른 마음챙김[正念: 일곱 번째 덕목]이라고 한다. 이처럼 세 가지 바른 덕목이 바른 행위에 동반된다.

《中部》117〈四十大經〉 MN III 74.

---

39 세간적인 바른 행위를 행하더라도 깨달음이 없으면 여전히 번뇌가 남아 있다. 하지만 바른 행위에 의해서 공덕이 생기므로 좋은 결과가 생긴다고 한 것이다.

바른 생계[正命]

바른 생계의 정의

바른 생계란 무엇인가.

고귀한 성문聲聞의 제자가 잘못된 생계를 버리고 바른 생계에 의해서 생활하는 것, 이것을 바른 생계라고 한다.

《中部》117경 (《四十大經》MN III 75)에 의하면, 잘못된 생계의 내용은 다음과 같다.

사기행위, 배신, 점, 예언, 속임수, 고리대금에 의한 생계.

《增支部》5:177에 의하면 재가자의 잘못된 상거래의 내용은 다음과 같다.

무기, 살아있는 동물, 고기, 술, 독극물의 상거래.

＊직업적인 군인, 어부, 사냥꾼 등도 잘못된 생계이다.

세간의 바른 생계와 출세간의 바른 생계

잘못된 생계를 버리고 바른 생계에 의해서 생활하는 것, 이를 세간의 바른 생계라고 한다. 하지만 세간적인 바른 생계에는 번뇌가 남아 있으며[有漏], 좋은 결과가 생긴다.

잘못된 생계를 삼가며, 멀리하고[遠離], 없애버리고, 하나하나 제거하면서, 고귀한 마음을 지니고, 번뇌가 없는 마음을 지니며 고귀한 도[聖道]와 관련된 바른 생계가 있다. 이것을 출세간의 바른 생계라고 한다.

다른 덕목과의 관계

잘못된 생계를 잘못된 생계로 아는 것, 바른 생계를 바른 생계로 아는 것, 이것을 바른 견해[正見: 첫 번째 덕목]라고 한다. 잘못된 생계를 버리고 바른 생계를 행하는 것, 이것을 바른 노력[正精進: 여섯 번째 덕목]이라고 한다. 마음챙겨 잘못된 생계를 삼가고, 마음챙겨 바른 생계를 지니고 지내는 것, 이것을 바른 마음챙김[正念: 일곱 번째 덕목]이라고 한다. 이처럼 세 가지 바른 덕목이 바른 생계에 동반된다.

《中部》 117 〈四十大經〉 MN III 75.

바른 노력[正精進]

바른 노력의 정의

바른 노력이란 무엇인가? 네 가지의 바른 노력이 있다. 막으려는 노력, 끊어 내려는 노력, 계발하려는 노력, 유지하려는 노력이 그 네 가지이다.

1. 막으려는 노력

비구들이여, 막으려는 노력이란 무엇인가? 여기 어떤 비구가 아직 생기지 않은 악하고 온전치 못한(해로운) 법들이 생겨나지 않기를 원하는 마음을 일으키며, 그러한 법들이 생기지 않도록 노력하며, 정진을 가하고, 마음을 쏟으며 힘쓴다.

따라서 눈으로 사물을 보고, 귀로 소리를 듣고, 코로 냄새를 맡고, 혀로 맛을 보고, 몸으로 촉감을 느끼고, 마음으로 마음의 대상들을 알 때, 그 대상의 전체적인 형상에 집착하지 않으며, 세밀한 형상에도 집착하지 않는다. 그는 눈, 귀, 코, 혀, 몸, 마음의 여섯 가지 감각기관에서 악하고, 온전치 못한(해로운) 탐욕과 싫어함과 같은 법이 생겨나나 단단히 지켜보려고 애쓰며, 만일 감각기관이 제대로 제어되지 않고 있다면, 그 감각기관들을 다스리려고 행동을 일으키고, 감각기관을 보호하여 잘 막아 낸다.

이처럼, 감각기관을 제어하여, 그는 마음속으로 즐거움을 경험하며, 악한 법이 마음으로 들어오지 못하게 한다. 비구들이여, 이것을 막으려는 노력이라고 한다.

2. 끊어 내려는 노력

비구들이여, 끊어 내려는 노력이란 무엇인가? 여기 어떤 비구가 이미 생겨난 악하고 온전치 못한(해로운) 법들을 끊어 내려는 마음을 일으키며, 그러한 법들을 끊어 내려고 노력하며, 정진을 가하고, 마음을 쏟으며, 힘쓴다.

그는 이미 생겨난 그 어떠한 감각적 욕망, 악의惡意, 남을 해치려는 마음이나, 악하고 온전치 못한(해로운) 법들이 있을 경우, 이러한 법들을 더 이상 지니지 않으며, 버리고, 없애며, 깨트리고 사라지게 한다. 비구들이여, 이것을 끊어 내려는 노력이라고 한다.

《增支部》 4:13-14 AN II 15~16.

악한 생각을 없애는 다섯 가지 방법

비구들이여, 마음집중[禪定]을 닦는 비구는 그때그때 다섯 가지 근거[相]로 고찰해야 한다. 다섯 가지란 무엇인가?

비구들이여, 마음에 생겨난 어떤 대상이 욕망·분노·무지와 연결되어 있다는 사실이 파악되었을 때, 다음과 같이 다섯 가지 방식으로 그 대상을 고찰해야 한다. (1) 그 대상과는 반대가 되는 유익한 대상을 생각한다. (2) 또는 다음과 같이 이러한 생각들 때문에 생기는 우환을 상기시킨다. '나에게 이러한 생각이 일어났구나.' '이 생각들에는 잘못이 따른다.' '이 생각들은 괴로운 결과를 초래한다.'라고. (3) 또는 이러한 생각이 일어났을 때, 더 이상 생각을 일으키지 않는다. (4) 또는 이러한 생각들은 조건에 의해서 생겨난 것이라고 고찰한다. (5) 또는 이를 악물고, 혀를 잇몸에 꽉 붙이고, 마음을 억눌러서 이러한 생각을 억제하고 뿌리째 뽑아내야 한다. 이렇게 하면, 마음에 생겨난 욕망·분노·무지와 연결되어 있는 생각들이 풀어지고 사라져 버릴 것이다. 그러면 마음은 내적으로 안정되고 고요해지며 가라앉아 집중될 것이다.

《中部》 20 〈考相經〉 MN I 119.

3. 계발하려는 노력

비구들이여, 계발하려는 노력이란 무엇인가? 여기 어떤 비구가 아직 생기지 않은 온전한(유익한) 법들이 생겨나기를 원하는 마음을 일으키며, 그러한 법들이 생겨나도록 노력하며, 정진을 가하고, 마음을 쏟으며 힘쓴다.

비구들이여, 마음이 번뇌에서 벗어나 있는 상태[遠離]로부터 생겨나는, 탐욕을 벗어난 상태로부터 생겨나는, 번뇌의 소멸로부터 생겨나는 일곱 가지 깨달음의 요소[七覺支], 모든 것을 버린 자유에 이르게 하는 일곱 가지 깨달음의 요소[七覺支]를 계발해야 한다. 즉, 마음챙김[念], 법에 대한 고찰[擇法], 노력[精進], 희열[喜], 평안[輕安], 마음집중[定], 평정[捨]이 그 일곱 가지이다. 비구들이여, 이것을 계발하려는 노력이라고 한다.

《增支部》 4:13-14 AN II 16.

4. 유지하려는 노력

비구들이여, 유지하려는 노력이란 무엇인가? 여기 어떤 비구가 이미 생긴 온전한(유익한) 법들이 지속되기를 원하는 마음을 일으키며, 그러한 법들이 사라지지 않고 더욱 길러지며, 성숙해져 수행의 완전한 완성에 이르도록 노력하며, 정진을 가하고, 마음을 쏟으며, 힘쓴다.

비구들이여, 예컨대, 어떤 비구가 마음집중 수행[禪定] 도중에 생긴 좋은 마음집중의 대상을 유지시킨다. 즉, 백골상白骨想, 시신에 벌레들이 우글거리는 상념, 벌레가 파먹어 구멍이 나 있는 시신에 대한 상념, 부풀어 오른 시신에 대한 상념 등이 생겨났을 때, 이러한 상념들을 유지시키려고 노력한다.[40] 비구들이여, 이것을 유지하려는 노력이라고 한다.

《增支部》 4:13-14 AN II 17.

비구들이여, 신심이 있고 스승의 가르침을 잘 이해하고 있는 제자들은 다음과 같은 법을 지니고 있다. '비록 피부와 뼈가 말

---

40 선정 수행의 도중에 위와 같은 부정관不淨觀의 대상이 되는 상념이 생겨나면 이런 상념을 지속시키려고 노력하는 것도 바른 노력의 하나라는 의미이다.

라 비틀어져도, 살과 피가 다 말라 없어져도 불굴의 인내와 정
진의 힘과 끈기에 의해서 내가 얻어야 할 것을 얻기 전에는 나
는 노력을 버리지 않을 것이다.' 이것이 바른 노력이다.

《中部》 70 〈기타기리경〉 MN I 481.

바른 마음챙김[正念]⁴¹

〈대념처경〉 서언

이와 같이 나는 들었다. 한 때, 세존께서는 캄마사담마라고
하는 쿠루 족의 마을에 머무셨다. 그때 세존께서는 비구들에게
'비구들이여' 하고 말씀하셨다. 비구들은 '세존이시여' 하고 대
답했다. 그리고 세존은 다음과 같이 말씀하셨다.

---

41 '바른 마음챙김[正念]'에 대한 부분에서 냐냐틸로카 스님은 《長部》의 〈大念處
經〉을 중심으로 설명하면서 《清淨道論》과 《中部》의 〈入出息念經〉의 내용으로
보충설명을 한다. 팔정도에 대한 설명 가운데 '바른 마음챙김'에 대한 해설은,
'바른 견해[正見]'에 대한 해설과 함께 가장 많은 분량이 배려되었다. 이는 마
음챙김 수행의 중요성 때문일 것이다. 역자는 냐냐틸로카 스님이 〈대념처경〉
을 인용하면서 생략한 부분의 대부분을 빠알리어 원문 내용에 충실하게 보충
하기도 하였다. 특히 경전 속에서 후렴처럼 반복되는 부분을 생략하지 않고 추
가했다. 같은 내용이 반복되는 부분은 그때마다 그 의미를 되새길 필요성이
있다고 생각했기 때문이다. 또한 '바른 마음챙김'은 바로 위빠사나 수행과 직
결되므로 실제로 위빠사나 수행에 관심이 있는 분들에게 도움이 되도록 역주
로 실제 위빠사나 수행과 관련된 설명을 보충한 부분도 많아졌다.

비구들이여, 이것은 모든 중생들의 청정을 위한, 슬픔과 비탄을 극복하기 위한, 괴로움과 싫어하는 마음을 없애기 위한, 올바른 길에 이르기 위한, 열반을 깨닫기 위한 유일한 길이다. 바로 그것은 네 가지의 마음챙김의 확립이다. 네 가지란 무엇인가?

1. 몸에 대한 마음챙김의 확립 [身念處]

비구들이여, 여기(이 가르침)에서 어떤 비구가 몸에서 몸을 거듭 관찰[kāyānupassī 身隨觀]하면서 지낸다.[42] 열심히, 분명한 앎을 지니고, 마음챙김을 지니고, 세간에 대한 탐착심과 싫어하는 마음을 제어하면서.

2. 느낌에 대한 마음챙김의 확립 [受念處]

그는 느낌에서 느낌을 거듭 관찰[vedanānupassī, 受隨觀]하면서 지낸다. 열심히, 분명한 앎을 지니고, 마음챙김을 지니고, 세간에 대한 탐착심과 싫어하는 마음을 제어하면서.

---

42 신·수·심·법이라는 네 가지 대상에 대해서 마음챙김을 확립시키는 수행인 사념처는 반복 관찰(anupassāna 隨觀)로 시작한다. 대상에 대한 반복 관찰, 거듭 관찰을 하는 자세는 노력(정정진), 분명한 앎(정견), 마음챙김(정념)이라는 세 가지 팔정도의 덕목을 함께 적용하면서 진행된다. 또한 오온이라는 세간에 대해서 탐욕과 분노가 일어나는 것을 제어하는 태도도 필요하다. 수행의 시작에는 이 요소들을 모두 갖추기 쉽지 않지만, 수행의 진전과 함께 서로 상보적으로 도와 가는 덕목임을 알게 된다.

3. 마음(의 상태)에 대한 마음챙김의 확립 [心念處]

그는 마음에서 마음을 거듭 관찰[*cittānupassī* 心隨觀]하면서 지낸다. 열심히, 분명한 앎을 지니고, 마음챙김을 지니고, 세간에 대한 탐착심과 싫어하는 마음을 제어하면서.

4. 법에 대한 마음챙김의 확립 [法念處]

그는 법에서 법을 거듭 관찰[*dhammānupassī* 法隨觀]하면서 지낸다. 열심히, 분명한 앎을 지니고, 마음챙김을 지니고, 세간에 대한 탐착심과 싫어하는 마음을 제어하면서.

몸에 대한 마음챙김의 확립 [身念處]

비구들이여, 그러면 어떻게 비구가 몸에서 몸을 거듭 관찰하면서 지내는가?

호흡에 대한 마음챙김 [入出息念]

비구들이여, 여기에 어떤 비구가 숲 속에 가거나 나무 아래에 가거나 빈방에 가서, 다리는 가부좌를 틀고 상체를 곧바로 세우고 전면에 마음챙김을 확고히 하여(또는 명상 주제에 마음챙기고) 앉는다. 그러고는 마음챙겨 숨을 들이쉬고 마음챙겨 숨을 내쉰다. 숨을 길게 들이쉬면서는 '길게 숨을 들이쉰다.'고 분명히 알고(*pajānāti*)⁴³, 길게 내쉬면서는 '숨을 길게 내쉰다.'고 분명히 안다. 숨을 짧게 들이쉬면서는 '숨을 짧게 들이쉰다.'고 분명히 알고, 숨을 짧게 내쉬면서는 '숨을 짧게 내쉰다'고 분명히 안다. '온몸(전체 호흡)을 파악하면서 숨을 들이쉬리라'고 수련하며(*sikkhati*), '온몸을 파악하면서 숨을 내쉬리라'며 수련한다. '(호흡이라는) 육체의 작용[身行]을 안정시키면서 숨을 들이쉬리라'고 수행하며, '육체의 작용을 안정시키면서 숨을 내쉬리라'며 수련한다.

마치 도자기공이나 그의 도제가 원반을 돌릴 때, 오랫동안 돌리면서는 '오랫동안 돌린다.'라고 분명히 알며, 짧게 돌리면서는 '짧게 돌린다.'라고 분명히 아는 것과 같이, 바로 이처럼 비구들이여, 숨을 길게 들이쉬면서는 '길게 숨을 들이쉰다.'고 분명히 알고, 길게 내쉬면서는 '숨을 길게 내쉰다.'고 분명히 안다. 숨을 짧게 들이쉬면서는 '숨을 짧게 들이쉰다.'고 분명히 알고, 숨을 짧게 내쉬면서는 '숨을 짧게 내쉰다.'고 분명히 안다. 그리고 '온몸을 파악하면서 숨을 들이쉬리라'고 수련하며, '온몸을 파

---

43 *pajānāti*라는 동사를 '분명히 알다'라고 개정한다. 초판에서는 '알아차리다'라고 옮겼고 그 후 '알다'로 번역했는데, '알아차리다'라는 용어는 *sati*에 대한 번역어로 사용하는 경우가 있으므로 의미를 구별하기 위해서 수정하였다. 또한 '알다' 보다는 '분명히 알다'가 접두사 '*pa*'의 의미를 살린다고 생각해서 개정해본다.

악하면서 숨을 내쉬리라'며 수련한다. '(호흡이라는) 육체의 작용[身行]을 안정시키면서 숨을 들이쉬리라'며 수련하며, '육체의 작용을 안정시키면서 숨을 내쉬리라'며 수련한다.

이와 같이, 그는 내적으로 또는 외적으로 또는 내외적으로 [44], 몸에서 몸을 거듭 관찰하면서 지낸다. 또는 몸에서 현상이 생겨나는 것을 거듭 관찰하면서 지낸다. 또는 몸에서 (생겨난 현상이) 사라지는 것을 거듭 관찰하면서 지낸다. 또는 몸에서 현상들이 생겨나고 사라지는 것을 거듭 관찰하면서 지낸다.[45] 또는 그에게 '몸이 있다'라고 하는 마음챙김이 분명하게 확립된다.

---

44 주석서에 의하면 내적內的인 관찰은 자기 자신에 대한 관찰을 말하고, 외적外的인 관찰은 타인에 대한 관찰을 말한다. 왜 여기에서 타인에 대한 관찰이라는 말이 나오는 것일까? 위빠사나 수행은 일차적으로 철저하게 자신의 몸과 마음을 관찰하는 수행이다. 하지만 우리는 일상생활에서 자신의 몸과 마음에 집착함은 물론 타인에 대해서도 집착을 한다. 타인이란 내가 좋아하는 사람, 내가 싫어하는 사람, 싫지도 좋지도 않은 사람들이다. 탐·진·치貪瞋癡의 대상인 타인에 대한 마음챙김을 지닌다는 말은 바로 직접 타인을 관찰하는 것이라기보다는 타인에 대해서도 자신을 관찰하듯이 관찰하라는 말로 이해할 수 있다. '나의 몸과 마음이 이러한 현상들뿐이듯이, 저 사람의 몸과 마음도 마찬가지이다.'라고 관찰하면서, 자신의 몸과 마음에 대한 집착이나 싫어함에서 벗어나듯이 타인의 몸과 마음에 대한 집착과 싫어함에서 벗어나라고 하는 뜻으로 이해할 수 있다. 자신을 관찰하지 못할 때, 우리는 자신에 대해 집착할 뿐 아니라, 타인에 대해서도 집착하게 된다는 말이라 하겠다.

45 생겨남, 사라짐, 생겨나고 사라짐을 거듭 관찰하는 것은 관찰대상의 변화를 관찰하는 것을 말한다. 변화는 바로 무상이다. 일단은 무상에 대한 관찰수행은 아누빠싸나隨觀에서 위빠사나로 진입한다고 할 수 있다.

* 〈대념처경〉 주석서의 보충설명: '몸이 있다'라는 것은 오직 육체적인 현상만이 있지, 거기에 중생, 인격체, 여자, 남자, 자아는 없다는 의미이다. 즉, 몸에는 자아에 속한 것이나, 자아나, 인격체에 속한 것은 없다는 의미이다.[46]

바로 이 마음챙김은 분명한 앎을 얻기 위한 것이며, (현상들에 대해서) 놓침이 없는 마음챙김을 얻기 위한 것이다. 따라서 그는 마음이 기울어져 의지하는 것이 없이 지내며, 그 어떠한 세간적인 것에 대해서도 집착하지 않는다. 이와 같이 비구들이여, 몸에서 몸을 거듭 관찰하면서 지낸다.

* 호흡에 대한 마음챙김[入出息念]은 가장 중요한 수행방법 가운데 하나이다. 이 방법은 위빠사나 수행을 닦기 위한 예비단계[47]나, 네 가지 마

---

46 존재하는 것은 생겨났다가 사라지는 무수한 물질로서의 육체와 이 물질을 알아차리는 정신만이 있다. 하지만 이때의 정신에서도 마찬가지로 남자, 여자, 인격체, 자아 등은 발견할 수 없다. 끊임없이 이어지는 정신과 물질만이 있을 뿐이다.

47 위빠사나 수행의 예비단계로 호흡에 대한 마음챙김을 닦는 수행법이 레디 사야도의 수행법을 이은 우 바 킨 전통의 고엔까의 위빠사나를 들 수 있다. 10일 코스 집중수행에서 처음 3일간은 호흡에 대한 마음챙김을 통해 근접삼매에 도달한 후, 4일째부터 몸의 감각을 관찰하는 위빠사나를 시작한다. 또한 레디 사야도가 함께 수행했다고 하는 칸니 명상도 주목해야 한다. 칸니 지방에서 머물던 우 소비타 사야도에 의해 19세기 후반에 알려지기 시작한 칸니 명상은 10일간의 집중수행에서 7일간 호흡명상을 한 뒤 위빠사나를 수행한다. 호흡 명상으로 근접삼매를 경험한 후 위빠사나로 전환하지만, 관찰대상은 물질 깔라빠이다. 칸니 명상에 대한 자세한 설명은 수망갈라 지음/차은숙 옮김, 칸니 명상 (운주사, 2020)참조.

음집중[四禪]을 계발하는 방법[48]이나 위빠사나와 선정의 양쪽을 닦기 위한 방법으로 사용될 수 있다. 지금 이 〈대념처경〉에서의 입출식념은 다음과 같이 전개될 위빠사나 수행을 닦기 위한 예비단계로서의 마음 집중과 고요함을 얻기 위해서 제시되었다.

정기적인 입출식념의 수행을 통해서 어느 정도의 마음의 고요와 마음 집중(사선 가운데 한 가지의 선정)을 얻은 후, 수행자는 호흡의 시작(origin of breath)을 검토한다. 그는 사대(四大: 地·水·火·風)와 다섯 감각기관과 같이 사대에서 파생된 여러 가지 물질적인 현상에 의해 구성되어 있는 물질[色]에 의해서 호흡이라는 현상이 있다는 것을 알게 된다. 그리고 다섯 가지 감각기관을 통해서 받아들여진 인상[觸]으로부터 의식[識]이 생겨나고, 이 의식과 함께 오온五蘊의 나머지 세 가지 요소인 느낌[受], 지각[想], 형성[行]이 생겨난다는 사실도 통찰하게 된다.

따라서 수행자는 이른바 인격체라고 불리는 에고ego라는 실체 또는 자아는 어디에도 없으며, 존재하는 것은 다만 여러 가지 요건에 의해서 조건 지어져 있는 육체와 마음의 흐름뿐이라는 사실을 분명하게 본다. 그런 후, 그는 이러한 현상들에 대해서 세 가지 특성을 적용시켜서, 그것들을 전적으로 무상하며, 괴로움이며, 영원한 실체가 없음을 이해하게 된다.

보다 자세한 내용은 《중부中部》 118경 〈입출식념경入出息念經〉〉과 《청정도론淸淨道論》 8장을 참고하기 바람.

---

48 호흡에 대한 마음챙김에 의해 사선정*ānāpānasati-samādhi*을 이루는 수행법으로는 미얀마 파옥 수행법을 들 수 있다. 파옥 또야(숲) 수행은 호흡에 의한 마음챙김이 사선정을 계발하는 쪽으로 연결시키는 수행을 한 후, 카시나 수행, 무색계정 수행, 사대관찰 수행, 네 가지 보호명상, 사무량심 등의 사마타 수행을 닦고, 위빠사나 수행을 닦는다.

네 가지 동작[行住坐臥]에 대한 마음챙김

또한 비구들이여, 걸어갈 때는 '걸어간다'라고 분명히 알고, 서 있을 때는 '서 있다'라고 알며, 앉아 있을 때는 '앉아 있다'라고 알며, 누워 있을 때는 '누워 있다'라고 분명히 안다. 이와 같이 이외의 다른 몸의 동작이 있을 때, 그러한 동작을 그때그때 안다.[49]

이와 같이, 그는 내적으로 또는 외적으로 또는 내외적으로, 몸에서 몸을 거듭 관찰하면서 지낸다. 또는 몸에서 현상이 생겨나는 것을 거듭 관찰하면서 지낸다. 또는 몸에서 (생겨난 현상이) 사라지는 것을 거듭 관찰하면서 지낸다. 또는 몸에서 현상들이

---

49 위의 행주좌와行住坐臥에 대한 빠알리어 원문을 직역하면, '나는 걸어간다', '나는 서 있다', '나는 앉아 있다', '나는 누워 있다'라고 번역해야 하지만 우리 말에서는 주어인 '나는'이라는 표현이 없는 것이 실제의 수행에 비추어 볼 때 더욱 적합한 표현이므로 주어는 전부 생략했다. 빠알리어나 영어와 같은 인구어印歐語에서는 문장의 문법적인 구조상 주어가 생략되지 않지만, 실제의 수행에서는 행위의 주체인 '나'라는 존재의 설정이 없어도 행주좌와行住坐臥 등의 동작에 대한 마음챙김이 가능하며, 결국 '자아'에 대한 잘못된 견해를 극복하기 위한 것이 수행의 한 목적이라 할 때, '나'라고 하는 행위의 주체를 개입시키지 않는 것이 위빠사나 수행을 향상시키는 데에도 도움이 됨을 알 수 있다. 수행이 향상됨에 따라서, 실제로 존재하는 것은 '나'라는 어떤 실체가 아니라, 단지 정신[名]과 물질[色]뿐이라는 것을 알게 될 것이다. 즉, 우리가 경험할 수 있는 현상은 정신[名]과 물질[色]일 뿐, 어디에서도 실체적인 '자아'는 발견할 수 없음을 알게 될 것이다. 따라서 자신의 육체적인 동작이나 행위에 마음챙겨 알아차릴 때, 처음부터 '나는' 또는 '내가'라고 하는 생각을 개입시키지 않는 것은 실제의 수행에 있어서 중요하다. 실제로 행주좌와 등의 동작을 알아차릴 때, 간단하게 '걸음' 또는 '걷는다', '서 있음' 또는 '서 있다', '앉음' 또는 '앉아 있다', '누움' 또는 '눕는다'라고 마음챙겨 알아차리면 된다.

생겨나고 사라지는 것을 거듭 관찰하면서 지낸다. 또는 그에게 '몸이 있다'라고 하는 마음챙김이 분명하게 확립된다.

바로 이 마음챙김은 분명한 앎을 얻기 위한 것이며, (현상들에 대해서) 놓침이 없는 마음챙김을 얻기 위한 것이다. 따라서 그는 마음이 기울어져 의지하는 것이 없이 지내며, 그 어떠한 세간적인 것에 대해서도 집착하지 않는다. 이와 같이 비구들이여, 몸에서 몸을 거듭 관찰하면서 지낸다.

분명한 앎 [正知]

또한 비구들이여, 앞으로 나아갈 때나 뒤로 돌아갈 때도 분명한 앎을 지니며, 앞을 볼 때나, 주위를 볼 때도 분명한 앎을 지니며, (팔다리를) 구부리거나 펼 때에도 분명한 앎을 지니며, 가사(승복)를 입고 발우를 들 때도 분명한 앎을 지니며, 먹고 마시고 씹고 맛볼 때도 분명한 앎을 지니며, 대소변을 볼 때도 분명한 앎을 지니며, 가고, 서고, 앉을 때에도, 잠자리에 들고, 잠에서 깨어날 때에도, 말하거나, 침묵을 하고 있을 때에도 분명한 앎을 지닌다.[50]

---

50 분명한 앎[正知]의 절節은 앞의 행주좌와의 동작에 대한 마음챙김에 이어지는 부분으로, 일상의 모든 육체적인 동작과 행위를 할 때에는 반드시 분명한 앎이 동반되어야 함이 제시되어 있다. 마음챙김[正念]과 분명한 앎[正知]은, 서로

이와 같이, 그는 내적으로 또는 외적으로 또는 내외적으로, 몸에서 몸을 거듭 관찰하면서 지낸다. 또는 몸에서 현상이 생겨나는 것을 거듭 관찰하면서 지낸다. 또는 몸에서 (생겨난 현상이) 사라지는 것을 거듭 관찰하면서 지낸다. 또는 몸에서 현상들이 생겨나고 사라지는 것을 거듭 관찰하면서 지낸다. 또는 그에게 '몸이 있다'라고 하는 마음챙김이 분명하게 확립된다.

바로 이 마음챙김은 분명한 앎을 얻기 위한 것이며, (현상들에 대해서) 놓침이 없는 마음챙김을 얻기 위한 것이다. 따라서

분리될 수 없는 수레의 두 바퀴, 새의 두 날개와 같은 관계이다. 마음챙김이 있으면, 분명한 앎이 있고, 분명한 앎이 있으면 반드시 마음챙김이 동반되어 있다. 마음챙김이 대상에 마음을 보내서 그 대상에 대해서 순간순간 잊지 않고, 놓치지 않는 마음의 작용이라 한다면. 분명한 앎은 마음챙김과 동반되는, 대상에 대한 분명한 이해, 파악을 의미한다. 수행자 특히, 일정 기간의 집중적인 수행을 하는 수행자는 아침에 눈을 뜨는 순간부터, 저녁에 잠에 드는 순간까지 의식이 깨어 있는 모든 순간에, 자신의 모든 육체적 행위와 동작 그리고 마음의 상태에 마음챙기고 분명한 앎을 지녀야 한다. 한 순간의 방심도 없이 마음챙김이 이어질 때, 마음집중[定]과 지혜[慧]가 성숙하기 시작한다. 보통 수준의 마음챙김은 누구에게나 있지만, 지속적인 마음챙김은 훈련이 필요하다.

주석서에 의하면 분명한 앎에는 4가지가 있다. 첫째는 "유익함sātthaka에 대한 분명한 앎", 두 번째는 "적절함sappaya에 대한 분명한 앎", 세 번째는 "수행의 대상 영역gocara에 대한 분명한 앎", 네 번째는 "무지가 없는asammoha 분명한 앎"이다. 수행자는 자신의 모든 몸과 마음의 현상을 네 가지 종류의 분명한 앎을 마음에 두고 이해하고 관찰해야 한다.

분명한 앎에 대한 보다 자세한 설명은 《위빠사나 수행의 길》(천안 호두마을, 2002) 208쪽 이하 참조. 특히 219~232쪽에 네 가지 분명한 앎에 대한 해설이 있다. http://cafe.daum.net/vipassana의 〈자료실〉- 위빠사나 수행 자료실 25번 글에 올려 놓은 《지금 이 순간 그대는 깨어 있는가》 99쪽(32. 지혜-분명한 앎 ③) 참조.

그는 마음이 기울어져 의지하는 것이 없이 지내며, 그 어떠한 세간적인 것에 대해서도 집착하지 않는다. 이와 같이 비구들이여, 몸에서 몸을 거듭 관찰하면서 지낸다.

《長部》22〈大念處經〉DN II 292~293.

육체에 대해 싫어함에 주의 기울임 [厭逆作意]

다음으로 비구들이여, 비구는 이 육신이 아래로는 발바닥에서 위로는 머리카락에 이르기까지 피부로 덮여져 있으며 가지가지의 깨끗하지 못한 것들로 가득 차 있다고 관찰한다. 즉, 이 육신은 다음과 같은 것으로 이루어져 있다. 머리카락, 몸의 털, 손톱, 발톱, 이, 피부, 살, 힘줄, 뼈, 골수, 콩팥, 심장, 간장, 늑막, 지라, 허파, 내장, 내장의 내용물, 위장, 위장의 내용물, 대변, 담즙, 가래, 고름, 혈액, 땀, 고형지방질, 눈물, 액체지방질, 침, 콧물, 관절액, 소변 등.

비구들이여, 마치 위아래 양쪽에 구멍이 나 있는 자루에 여러 가지 곡식, 즉 벼, 보리, 녹두, 콩, 깨, 쌀 등이 들어 있는 경우, 이 자루를 눈이 있는 사람이 풀어보고서 '이것은 벼, 이것은 보리, 이것은 녹두, 이것은 콩, 이것은 깨, 이것은 쌀'이라고 직접 관찰하는 것과 같이, 비구들이여, 수행자는 바로 자신의 육신을 직접 관찰한다. 즉, 이 육신은 다음과 같은 것으로 이루어져 있다고. 머리카락, 몸의 털, 손톱, 발톱, 이, 피부, 살, 힘줄, 뼈, 골수, 콩팥, 심장, 간장, 늑막, 지라, 허파, 내장, 내장의 내용물, 위장, 위장의 내용물, 대변, 담즙, 가래, 고름, 혈액, 땀, 고형지방질, 눈물, 액체지방질, 침, 콧물, 관절액, 소변 등으로.

이와 같이, 그는 내적으로 또는 외적으로 또는 내외적으로, 몸에서 몸을 거듭 관찰하면서 지낸다. 또는 몸에서 (어떤) 현상이 생겨나는 것을 거듭 관찰하면서 지낸다. 또는 몸에서 (생겨난 현상이) 사라지는 것을 거듭 관찰하면서 지낸다. 또는 몸에서 현상들이 생겨나고 사라지는 것을 거듭 관찰하면서 지낸다. 또는 그에게 '몸이 있다'라고 하는 마음챙김이 분명하게 확립된다.

바로 이 마음챙김은 분명한 앎을 얻기 위한 것이며, (현상들에 대해서) 놓침이 없는 마음챙김을 얻기 위한 것이다. 따라서 그는 마음이 기울어져 의지하는 것이 없이 지내며, 그 어떠한 세간적인 것에 대해서도 집착하지 않는다. 이와 같이 비구들이여, 몸에서 몸을 거듭 관찰하면서 지낸다.[51]

---

51 현재의 미얀마를 중심으로 한 순수 위빠사나 수행에서는 위에서 설해진 육신의 32가지 부분에 대한 관찰은 그다지 하지 않는다. 부정관不淨觀의 한 방법으로 육신의 32가지 구성부분에 대한 관찰은 위빠사나 수행에 앞선 4가지 예비적인 수행법 가운데 하나로 수행되거나 마음집중[禪定]을 닦는 수행에서 실천되고 있다. 현재, 태국의 아찬 문(Ajhan Mun, 1870~1949) 스님의 전통을 따르는 제자들을 중심으로 실천되고 있다. 파욱 전통에서는 호흡에 대한 마음챙김으로 사선정을 이룬 다음에 여러 가지 사마타 수행 가운데 하나로 32가지 몸의 부분에 대한 명상을 닦는다. 파욱 또야 사야도 법문, 일묵 스님 옮김 《열반에 이르는 길》, 서울: 이솔출판, 2010, 86~88쪽 참조.

네 가지 요소[四大; 地·水·火·風]에 대한 관찰

다음으로 비구들이여, 이 육신을 현재 있는 그대로, 구성되어진 그대로 (네 가지) 요소의 측면에서 관찰한다paccavekkhati. 즉, "이 육신에는, 땅의 요소[地界], 물의 요소[水界], 불의 요소[火界], 바람의 요소[風界]가 있다."라고.

비구들이여, 마치 숙련된 백정이나 그의 제자가 소를 도살해서 사거리의 큰 길에 부위별로 해체해 놓고 앉아 있는 것과 같이, 바로 이처럼 비구들이여, 수행자는 바로 자신의 육신을 (네 가지) 요소의 측면에서 관찰한다. 즉, "이 육신에는, 땅의 요소[地界], 물의 요소[水界], 불의 요소[火界], 바람의 요소[風界]가 있다."라고.

이와 같이, 그는 내적으로 또는 외적으로 또는 내외적으로, 몸에서 몸을 거듭 관찰하면서 지낸다. 또는 몸에서 (어떤) 현상이 생겨나는 것을 거듭 관찰하면서 지낸다. 또는 몸에서 (생겨난 현상이) 사라지는 것을 거듭 관찰하면서 지낸다. 또는 몸에서 현상들이 생겨나고 사라지는 것을 거듭 관찰하면서 지낸다. 또는 그에게 '몸이 있다'라고 하는 마음챙김이 분명하게 확립된다.

바로 이 마음챙김은 분명한 앎을 얻기 위한 것이며, (현상들에 대해서) 놓침이 없는 마음챙김을 얻기 위한 것이다. 따라서 그는 마음이 기울어져 의지하는 것이 없이 지내며, 그 어떠한 세간적

인 것에 대해서도 집착하지 않는다. 이와 같이 비구들이여, 몸에서 몸을 거듭 관찰하면서 지낸다.[52]

《長部》2〈大念處經〉 DN II 293~295.

묘지에서의 아홉 가지 관찰 [부정관不淨觀][53]

---

52 위에서 말한 네 가지 요소에 대한 관찰은 현재 미얀마의 마하시 스님(Mahasi Sayadaw, 1904~1982)의 전통에 따르는 위빠사나 수행의 토대가 되는 수행의 방법이다. 마하시 스님의 위빠사나 수행의 특징은 좌선을 할 때, 들숨과 날숨[入出息]에 마음을 챙기는 입출식념[入出息念]을 택하지 않고 호흡에 동반되어 발생하는 복부의 움직임에 마음을 집중하는 것이다. 호흡이라는 자연스런 생명의 현상에 따라 발생하는 복부의 팽창과 수축에 마음챙겨서 바로 이 복부의 움직임이 다름 아닌 바람의 요소[風界]라는 사실을 반복해서 알아차려 가면서 집중(찰나삼매, 찰나집중)과 지혜를 동시에 향상시켜나가는 것이 마하시 스님의 위빠사나 수행의 기본적인 좌선의 방법이다. 물론 좌선 이외의 동작을 할 경우에는 앞에서 이미 설명한 바 있는 모든 동작에 마음챙기는 것을 강조하고 있다. 마하시 스님의 수행법은 마하시 스님 이전에는 일반화되지 못한 채 몇몇 수행승들에 의해서 전해져 내려왔으나, 1950년대부터 본격적으로 일반화되기 시작했다. 현재에도 미얀마에서 가장 많은 사람들이 닦는 수행법이 바로 마하시 스님이 일반화한 위빠사나 수행법이다. 미얀마에는 마하시 수행법 이외에도 손꼽을 수 있는 몇몇의 수행법이 승려는 물론 일반 재가자들 사이에서도 실천되고 있다.
地·水·火·風의 네 가지 요소에 대한 관찰인 사대명상을 사선정을 이룬 후에 아비담마와 《청정도론 》에 입각해서 상세하게 닦는 방법을 해설해 놓은 것은 파욱 또야 사야도 법문, 일묵 스님 옮김, 《열반에 이르는 길》 158~186쪽 참조.

53 현재의 스리랑카, 태국, 미얀마 등의 남방불교권에서도 위에서 설해진 묘지에서의 부정관 수행은 할 수가 없다. 고대 인도에서처럼 시체를 그대로 묘지에 버리는 장례법이 없어졌기 때문이다. 묘지에서의 시체에 대한 관찰이 불가능하게 되었기 때문에, 태국에서는 스님들에게 의과 대학의 인체 해부시간에 견학할 수 있는 기회를 제공하고 있다. 시체의 썩어 가는 과정을 직접 관찰하면서 수행을 할 수는 없으나, 전신의 해골을 전시해 놓아 백골관을 할 수 있게 준비해 놓은 곳은 태국과 스리랑카의 수행처와 미얀마의 파욱 또야 수행처

① 첫 번째 관찰

다음으로 비구들이여, 묘지에 버려져 하루나, 이틀이나, 사흘이 된 시체가 부풀어 오르고, 검푸르게 되고, 썩어 가는 것을 보았을 때, 그는 바로 자신의 몸에 대해서 다음과 같이 생각한다. '나의 이 육신도 이러한 속성을 지니고 있으며, 이와 같이 될 것이며, 이렇게 되는 것을 피할 수가 없다.'라고.

이와 같이, 그는 내적으로 또는 외적으로 또는 내외적으로, 몸에서 몸을 거듭 관찰하면서 지낸다. 또는 몸에서 현상이 생겨나는 것을 거듭 관찰하면서 지낸다. 또는 몸에서 (생겨난 현상이) 사라지는 것을 거듭 관찰하면서 지낸다. 또는 몸에서 현상들이 생겨나고 사라지는 것을 거듭 관찰하면서 지낸다. 또는 그에게 '몸이 있다'라고 하는 마음챙김이 분명하게 확립된다. 바로

에서 볼 수 있다. 태국의 동북 지역의 한 수행처에는 백골과 함께 생전의 사진(30대 중반에 죽은 여인의 사진)이 걸려 있다. 방콕의 교외에 있는 한 수행처에서는 죽은 시체 네 구(남녀 각각 두 구)를 백골이 아닌 미라로 만들어서 수행자들이 관찰할 수 있게 해 놓았다. 죽은 시체나 백골을 보면서 하는 수행의 전통은 현재 미얀마의 위빠사나 수행법에서는 그다지 가르치지 않고 있다. 단 미얀마 몰라메인에 파욱 또야 수행처에는 화장터 옆에 공동묘지가 있고, 그곳에 해골 실물이 실외에 놓여 있다. 그리고 전신 해골 모형은 수행 인터뷰실 등에서도 보인다. 개인 수행처(꾸띠)에 해골 모형을 준비해 둔 경우도 있다. 파욱 전통에서는 사마타 수행의 한 방법으로 백골관을 가르친다.
태국의 경우에는 동북부지역을 중심으로 한 수행처에서 위빠사나 수행을 위한 예비 단계로서의 사마타 수행의 한 대상으로 실천되고 있다. 묘지에서의 아홉 가지 관찰[부정관] 수행의 핵심은 수행자 자신이 자신의 육체의 속성도 이와 같다는 사실을 바로 알아서 자신과 타인의 육신에의 집착과 욕망을 극복하는 데에 있다. 이상으로 「몸에 대한 마음챙김의 확립[身念處]」의 설명이 마무리된다.

이 마음챙김은 분명한 앎을 얻기 위한 것이며, (현상들에 대해서) 놓침이 없는 마음챙김을 얻기 위한 것이다. 따라서 그는 마음이 기울어져 의지하는 것이 없이 지내며, 그 어떠한 세간적인 것에 대해서도 집착하지 않는다. 이와 같이 비구들이여, 몸에서 몸을 거듭 관찰하면서 지낸다.

② 두 번째 관찰

다음으로 비구들이여, 묘지에 버려진 시체가 까마귀, 매, 독수리, 개, 표범, 호랑이, 재칼 등에 의해서 먹혀지고, 갖가지 벌레에 의해서 파 먹히는 것을 보았을 때, 그는 바로 자신의 몸에 대해서 다음과 같이 생각한다. '나의 이 육신도 이러한 속성을 지니고 있으며, 이와 같이 될 것이며, 이렇게 되는 것을 피할 수가 없다.'라고.

이와 같이, 그는 내적으로 또는 외적으로 또는 내외적으로, 몸에서 몸을 거듭 관찰하면서 지낸다. 또는 몸에서 현상이 생겨나는 것을 거듭 관찰하면서 지낸다. 또는 몸에서 (생겨난 현상이) 사라지는 것을 거듭 관찰하면서 지낸다. 또는 몸에서 현상들이 생겨나고 사라지는 것을 거듭 관찰하면서 지낸다. 또는 그에게 '몸이 있다'라고 하는 마음챙김이 분명하게 확립된다. 바로 이 마음챙김은 분명한 앎을 얻기 위한 것이며, (현상들에 대해서) 놓침이 없는 마음챙김을 얻기 위한 것이다. 따라서 그는 마음이 기울어져 의지하는 것이 없이 지내며, 그 어떠한 세간적인 것에 대해서도 집착하지 않는다. 이와 같이 비구들이여, 몸에서 몸을 거듭 관찰하면서 지낸다.

③ 세 번째 관찰

다음으로 비구들이여, 묘지에 버려진 시체가 힘줄이 남아 있고, 살점이 붙어 있는 채로 해골로 변해 있는 것을 보았을 때, 그는 바로 자신의 몸에 대해서 다음과 같이 생각한다. '나의 이 육신도 이러한 속성을 지니고 있으며, 이와 같이 될 것이며, 이렇게 되는 것을 피할 수가 없다.'라고.

이와 같이, 그는 내적으로 또는 외적으로 또는 내외적으로, 몸에서 몸을 거듭 관찰하면서 지낸다. 또는 몸에서 현상이 생겨나는 것을 거듭 관찰하면서 지낸다. 또는 몸에서 (생겨난 현상이) 사라지는 것을 거듭 관찰하면서 지낸다. 또는 몸에서 현상들이 생겨나고 사라지는 것을 거듭 관찰하면서 지낸다. 또는 그에게 '몸이 있다'라고 하는 마음챙김이 분명하게 확립된다. 바로 이 마음챙김은 분명한 앎을 얻기 위한 것이며, (현상들에 대해서) 놓침이 없는 마음챙김을 얻기 위한 것이다. 따라서 그는 마음이 기울어져 의지하는 것이 없이 지내며, 그 어떠한 세간적인 것에 대해서도 집착하지 않는다. 이와 같이 비구들이여, 몸에서 몸을 거듭 관찰하면서 지낸다.

④ 네 번째 관찰

다음으로 비구들이여, 묘지에 버려진 시체가 힘줄이 남아 있고, 살점은 없이 핏자국만 얼룩진 채로 해골로 변해 있는 것을 보았을 때, 그는 바로 자신의 몸에 대해서 다음과 같이 생각한다. '나의 이 육신도 이러한 속성을 지니고 있으며, 이와 같이 될 것이며, 이렇게 되는 것을 피할 수가 없다.'라고.

이와 같이, 그는 내적으로 또는 외적으로 또는 내외적으로, 몸에서 몸을 거듭 관찰하면서 지낸다. 또는 몸에서 현상이 생겨나는 것을 거듭 관찰하면서 지낸다. 또는 몸에서 (생겨난 현상이) 사라지는 것을 거듭 관찰하면서 지낸다. 또는 몸에서 현상들이 생겨나고 사라지는 것을 거듭 관찰하면서 지낸다. 또는 그에게 '몸이 있다'라고 하는 마음챙김이 분명하게 확립된다. 바로 이 마음챙김은 분명한 앎을 얻기 위한 것이며, (현상들에 대해서) 놓침이 없는 마음챙김을 얻기 위한 것이다. 따라서 그는 마음이 기울어져 의지하는 것이 없이 지내며, 그 어떠한 세간적인 것에 대해서도 집착하지 않는다. 이와 같이 비구들이여, 몸에서 몸을 거듭 관찰하면서 지낸다.

⑤ 다섯 번째 관찰

다음으로 비구들이여, 묘지에 버려진 시체가 힘줄만 남아 있고, 살점이나 핏기가 없는 채로 해골로 변해 있는 것을 보았을 때, 그는 바로 자신의 몸에 대해서 다음과 같이 생각한다. '나의 이 육신도 이러한 속성을 지니고 있으며, 이와 같이 될 것이며, 이렇게 되는 것을 피할 수가 없다.'라고.

이와 같이, 그는 내적으로 또는 외적으로 또는 내외적으로, 몸에서 몸을 거듭 관찰하면서 지낸다. 또는 몸에서 현상이 생겨나는 것을 거듭 관찰하면서 지낸다. 또는 몸에서 (생겨난 현상이) 사라지는 것을 거듭 관찰하면서 지낸다. 또는 몸에서 현상들이 생겨나고 사라지는 것을 거듭 관찰하면서 지낸다. 또는 그에게 '몸이 있다'라고 하는 마음챙김이 분명하게 확립된다. 바로 이 마음챙김은 분명한 앎을 얻기 위한 것이며, (현상들에 대해서) 놓침이 없는 마음챙김을 얻기 위한 것이다. 따라서 그는 마음이 기울어져 의지하는 것이 없이 지내며, 그 어떠한 세간적인 것에 대해서도 집착하지 않는다. 이와 같이 비구들이여, 몸에서 몸을 거듭 관찰하면서 지낸다.

⑥ 여섯 번째 관찰

다음으로 비구들이여, 묘지에 버려진 시체의 뼈가 사방으로 흩어져 있어, 여기에 손뼈, 저기에 발뼈, 정강이뼈, 넓적다리뼈, 골반, 등뼈, 두개골 등으로 흩어져 있는 것을 보았을 때, 그는 바로 자신의 몸에 대해서 다음과 같이 생각한다. '나의 이 육신도 이러한 속성을 지니고 있으며, 이와 같이 될 것이며, 이렇게 되는 것을 피할 수가 없다.'라고.

이와 같이, 그는 내적으로 또는 외적으로 또는 내외적으로, 몸에서 몸을 거듭 관찰하면서 지낸다. 또는 몸에서 현상이 생겨나는 것을 거듭 관찰하면서 지낸다. 또는 몸에서 (생겨난 현상이) 사라지는 것을 거듭 관찰하면서 지낸다. 또는 몸에서 현상들이 생겨나고 사라지는 것을 거듭 관찰하면서 지낸다. 또는 그에게 '몸이 있다'라고 하는 마음챙김이 분명하게 확립된다. 바로 이 마음챙김은 분명한 앎을 얻기 위한 것이며, (현상들에 대해서) 놓침이 없는 마음챙김을 얻기 위한 것이다. 따라서 그는 마음이 기울어져 의지하는 것이 없이 지내며, 그 어떠한 세간적인 것에 대해서도 집착하지 않는다. 이와 같이 비구들이여, 몸에서 몸을 거듭 관찰하면서 지낸다.

⑦ 일곱 번째 관찰

다음으로 비구들이여, 묘지에 버려진 시체의 뼈가 조개껍질의 색처럼 하얗게 변해 있는 것을 보았을 때, 그는 바로 자신의 몸에 대해서 다음과 같이 생각한다. '나의 이 육신도 이러한 속성을 지니고 있으며, 이와 같이 될 것이며, 이렇게 되는 것을 피할 수가 없다.'라고.

이와 같이, 그는 내적으로 또는 외적으로 또는 내외적으로, 몸에서 몸을 거듭 관찰하면서 지낸다. 또는 몸에서 현상이 생겨나는 것을 거듭 관찰하면서 지낸다. 또는 몸에서 (생겨난 현상이) 사라지는 것을 거듭 관찰하면서 지낸다. 또는 몸에서 현상들이 생겨나고 사라지는 것을 거듭 관찰하면서 지낸다. 또는 그에게 '몸이 있다'라고 하는 마음챙김이 분명하게 확립된다. 바로 이 마음챙김은 분명한 앎을 얻기 위한 것이며, (현상들에 대해서) 놓침이 없는 마음챙김을 얻기 위한 것이다. 따라서 그는 마음이 기울어져 의지하는 것이 없이 지내며, 그 어떠한 세간적인 것에 대해서도 집착하지 않는다. 이와 같이 비구들이여, 몸에서 몸을 거듭 관찰하면서 지낸다.

⑧ 여덟 번째 관찰
　다음으로 비구들이여, 묘지에 버려진 시체의 뼈가 일 년도 더 되어 한 무더기로 쌓여 있는 것을 보았을 때, 그는 바로 자신의 몸에 대해서 다음과 같이 생각한다. '나의 이 육신도 이러한 속성을 지니고 있으며, 이와 같이 될 것이며, 이렇게 되는 것을 피할 수가 없다'라고.
　이와 같이, 그는 내적으로 또는 외적으로 또는 내외적으로, 몸에서 몸을 거듭 관찰하면서 지낸다. 또는 몸에서 현상이 생겨나는 것을 거듭 관찰하면서 지낸다. 또는 몸에서 (생겨난 현상이) 사라지는 것을 거듭 관찰하면서 지낸다. 또는 몸에서 현상들이 생겨나고 사라지는 것을 거듭 관찰하면서 지낸다. 또는 그에게 '몸이 있다'라고 하는 마음챙김이 분명하게 확립된다. 바로 이 마음챙김은 분명한 앎을 얻기 위한 것이며, (현상들에 대해서) 놓침이 없는 마음챙김을 얻기 위한 것이다. 따라서 그는 마음이 기울어져 의지하는 것이 없이 지내며, 그 어떠한 세간적인 것에 대해서도 집착하지 않는다. 이와 같이 비구들이여, 몸에서 몸을 거듭 관찰하면서 지낸다.

⑨ 아홉 번째 관찰

다음으로 비구들이여, 묘지에 버려진 시체가 뼈마저 썩어 가루로 되어 있는 것을 보았을 때, 그는 바로 자신의 몸에 대해서 다음과 같이 생각한다. '나의 이 육신도 이러한 속성을 지니고 있으며, 이와 같이 될 것이며, 이렇게 되는 것을 피할 수가 없다.'라고.

이와 같이, 그는 내적으로 또는 외적으로 또는 내외적으로, 몸에서 몸을 거듭 관찰하면서 지낸다. 또는 몸에서 현상이 생겨나는 것을 거듭 관찰하면서 지낸다. 또는 몸에서 (생겨난 현상이) 사라지는 것을 거듭 관찰하면서 지낸다. 또는 몸에서 현상들이 생겨나고 사라지는 것을 거듭 관찰하면서 지낸다. 또는 그에게 '몸이 있다'라고 하는 마음챙김이 분명하게 확립된다. 바로 이 마음챙김은 분명한 앎을 얻기 위한 것이며, (현상들에 대해서) 놓침이 없는 마음챙김을 얻기 위한 것이다. 따라서 그는 마음이 기울어져 의지하는 것이 없이 지내며, 그 어떠한 세간적인 것에 대해서도 집착하지 않는다. 이와 같이 비구들이여, 몸에서 몸을 거듭 관찰하면서 지낸다.

《長部》22〈大念處經〉DN II 295~298.

「몸에 대한 마음챙김」의 열 가지 이익[54]

비구들이여, 몸에 대한 마음챙김[kāyagatāsati: 念身 또는 身至念]을 거듭 닦고, 향상시키며, 계발하고, 수레(수행법)로 쓰며, 기반으로 하고, 확고하게 하며, 강화시켜, 잘 수행한다면, 다음의 열 가지 유익함이 기대될 것이다.

(1) 불쾌함과 즐거움을 제어하게 되어 불쾌함이 그를 정복하지 못하게 된다. 불쾌함이 생겨날 때 (즉각 알아차림으로써) 불쾌함을 극복하며 지낸다.

(2) 공포와 두려움을 제어하게 되어 공포와 두려움이 그를 정복하지 못하게 된다. 공포와 두려움이 생겨날 때 (즉각 알아차림으로써) 공포와 두려움을 극복하며 지낸다.

---

54 냐나틸로카 스님이 정리한 「몸에 대한 마음챙김[念身 kāyagatāsati]」의 열 가지 유익함은 〈대념처경〉의 내용이 아니라, 별도의 경전인 《中部》의 〈염신경念身經 Kāyagatāsati-sutta〉에서 발췌한 내용이다. 〈염신경念身經〉은 〈대념처경〉의 「몸에 대한 마음챙김」 부분만이 제시되어 있는 독립된 경전이지만, 몸에 대한 마음챙김 수행이 4선정禪定과 6신통으로 이어지는 면이 중심적으로 제시되어 있다.

(3) 추위와 더위, 배고픔과 갈증, 등에, 모기, 바람, 햇빛, 기어다니는 벌레 등과 접촉할 때 견디어 내게 되며, 험담이나 불쾌한 말, 고통스럽고 통증이 심하며, 살을 에는 듯한 괴로움이나, 뼈를 깎아 내는 듯한 괴로움, 의견의 불일치, 고뇌 그리고 생명에의 위협을 견디어 내게 된다.

(4) 어려움이나 곤란함 없이 자신의 의지에 따라서 네 가지 마음집중[四禪]을 얻을 수 있다. 사선은 마음이 정화된 높은 경지이며, 사선을 얻으면 바로 여기에서 안락하게 지내게 된다.

(5) 여러 가지의 신통력을 얻게 된다. 몸이 하나의 상태에서 여럿이 되기도 하며, 여럿인 상태에서 하나로 되기도 한다. 눈앞에 나타났다가 사라지기도 하며, 벽이나 사방이 가로막힌 곳을 가로질러 아무런 장애 없이 통과하기도 하고, 마치 빈 공간을 지나가듯이 산을 뚫고 지나가며, 마치 물속으로 잠수하듯이 땅 속으로 들어가며, 마치 땅 위를 걷듯이 물 위를 빠지지 않고 걸어간다. 가부좌를 한 채로 새처럼 공중을 날아가며, 손으로 달과 태양을 만질 정도로 신통력이 생긴다. 범천의 세계와 같이 멀리 떨어진 곳에까지 그의 신통력이 미치게 된다(神足通).

(6) 인간의 귀를 뛰어넘는 청정한 천상의 귀(청각기관)로 멀리서 나는 소리나 가까이에서 나는 소리나 천상과 인간세계의 소리를 듣는다(天耳通).

(7) 다른 존재나 다른 사람의 마음을 마치 자신의 마음을 아

는 것처럼 이해하게 된다. 그는 (다른 사람의) 탐욕이 있는 마음[有貪心]을 탐욕이 있는 마음이라고 알며 또는 탐욕이 없는 마음[無貪心]을 탐욕이 없는 마음이라고 분명히 안다. 또는 분노가 있는 마음[有瞋心]을 분노가 있는 마음이라고 알며, 분노가 없는 마음[無瞋心]을 분노가 없는 마음이라고 분명히 안다. 또는 무지가 있는 마음[有癡心]을 무지가 있는 마음이라고 알며, 무지가 없는 마음[無癡心]을 무지가 없는 마음이라고 분명히 안다. (혼침과 졸음으로) 침체된 마음을 침체된 마음이라고 알며, (들뜸으로) 산만해진 마음을 산만해진 마음이라고 분명히 안다. (선정에 의해) 고양된mahaggataṃ 마음을 고양된 마음이라고 알며, (선정을 완전히 닦아 더 이상) 고양되지 않는 마음을 고양되지 않는 마음이라고 분명히 안다. (닦을 선정이 남아 있어) 위가 있는 sauttaraṃ 마음을 위가 있는 마음이라고 알며, (닦을 선정이 남아 있지 않아) 위가 없는anuttaraṃ 마음을 위가 없는 마음이라고 분명히 안다. (선정에 의해) 집중이 된 마음을 집중이 된 마음이라고 알며, 집중이 안 된 마음을 집중이 안 된 마음이라고 분명히 안다. (선정에 의해 일시적으로 번뇌에서 벗어나) 자유로워진 마음[解脫心]을 자유로워진 마음이라고 알며, 자유로워지지 않은 마음[非解脫心]을 자유로워지지 않은 마음이라고 분명히 안다(他心通).

(8) 자신의 수많은 과거 전생에 대해서 기억한다. 즉, 한 생이나 두 생 … 등등의 과거생의 자신의 이름, 태생, 모습, 생전의

경험 내용, 죽어서 다시 태어나는 것 등을 기억하게 된다(宿命通).

(9) 인간의 눈을 뛰어넘는 청정한 천인의 눈으로 뭇 중생들이 죽어서 다시 태어나는 것을 본다. 좋은 곳에 태어나는가, 나쁜 곳에 태어나는가, 잘 생겼는가, 추하게 생겼는가, 행복한가, 불행한가를 보게 된다. 이처럼 그는 중생들이 자신의 행위[業]에 따라서 받게 되는 삶의 양태를 알게 된다(天眼通).

(10) 모든 번뇌를 없애 버려서, 번뇌가 없는 마음의 해탈과 지혜의 해탈을 바로 이생에서 스스로의 힘으로 증득해서 깨달아 완성을 이루어 지낸다(漏盡通).

비구들이여, 몸에 대한 마음챙김을 거듭 닦고, 향상시키며, 계발하고, 수레(수행법)로 쓰며, 기반으로 하고, 확고하게 하며, 강화시켜, 잘 수행한다면, 위와 같은 열 가지 이익을 얻게 될 것이다.

《中部》119〈念身經〉MN III 97~99.

* 열 가지 몸에 대한 마음챙김의 유익함 가운데 뒤의 여섯 가지(5에서 10까지)의 이익은 여섯 가지 신통[六神通]을 말한다. 이 가운데 앞의 다섯 가지 신통은 (번뇌를 완전히 제거하지 못한) 세간적인 조건들이어서 범부들도 얻을 수 있다. 하지만 마지막의 여섯 번째의 누진통은 (번뇌를 모두 제거한) 출세간적인 신통력으로서 아라한만이 지니는 덕목이다. 네 가지의 마음집중[四禪]을 이룬다면 다섯 가지의 세간적인 신통력을 얻을 수 있을 것이다. 이러한 신통력을 얻기 위한 조건으로서 네 가지 여의족

如意足 또는 신족神足이 있다. 즉, 의지의 삼매, 정진의 삼매, 마음의 삼매, 고찰의 삼매라는 네 가지의 삼매[마음집중, 몰입]이다.[55]

느낌에 대한 마음챙김의 확립 [受念處][56]

비구들이여, 그러면 어떻게 비구가 느낌에서 느낌을 거듭 관찰하면서 지내는가?

비구들이여, 여기에 어떤 수행자가 즐거운 느낌을 현재 느끼고 있으면서 '나는 즐거운 느낌을 느끼고 있다'라고 분명히 안다. 또는 괴로운 느낌을 현재 느끼고 있으면서 '나는 괴로운 느낌을 느끼고 있다'라고 분명히 안다. 또는 즐겁지도 괴롭지도 않은 느낌을 현재 느끼고 있으면서 '나는 즐겁지도 괴롭지도 않은 느낌을 느끼고 있다'라고 분명히 안다.

또는 세간적 욕망이 있는[57] 즐거운 느낌을 현재 느끼고 있으

---

55 몸에 대한 마음집중 수행을 통해 네 가지 마음집중[四禪]을 이룬다면, 바로 이 선정의 힘을 바탕으로 다섯 가지 세간의 신통력과 더 나아가 지혜를 갖추면 출세간의 누진통漏盡通을 얻을 수 있을 것이다.

56 여기서는 3가지의 느낌의 6가지 형태에 대한 마음챙김이 설해진다. 일반적인 고苦, 락樂, 불고불락不苦不樂의 3가지 느낌과 이 3가지 느낌이 다시 세간적 욕망이 있는sāmisa 느낌 3가지와 세간적인 욕망이 없는nirāmisa 느낌 3가지로 분류된다.

57 '세간적 욕망이 있는'이라는 말은 sāmisa에 대한 번역이다. '색·성·향·미·촉·법色聲香味觸法의 여섯 가지 감각 대상에 대한 세간적인 맛이 있는'이라는 의미이다. āmisa란 물질적인 것, 육체적인 감각기관과 관련이 있는 것을 의미한다.

면서 '나는 세간적 욕망이 있는 즐거운 느낌을 느끼고 있다'라고 분명히 안다. 또는 세간적 욕망이 없는[58] 즐거운 느낌을 현재 느끼고 있으면서 '나는 세간적 욕망이 없는 즐거운 느낌을 느끼고 있다'라고 분명히 안다. 또는 세간적 욕망이 있는 괴로운 느낌을 현재 느끼고 있으면서 '나는 세간적 욕망이 있는 괴로운 느낌을 느끼고 있다'라고 분명히 안다. 또는 세간적 욕망이 없는 괴로운 느낌을 현재 느끼고 있으면서 '나는 세간적 욕망이 없는 괴로운 느낌을 느끼고 있다'라고 분명히 안다. 또는 세간적 욕망이 있는 즐겁지도 괴롭지도 않은 느낌을 현재 느끼고 있으면서 '나는 세간적 욕망이 있는 즐겁지도 괴롭지도 않은 느낌을 느끼고 있다'라고 분명히 안다. 또는 세간적 욕망이 없는 즐겁지도 괴롭지도 않은 느낌을 현재 느끼고 있으면서 '나는 세간적 욕망이 없는 즐겁지도 괴롭지도 않은 느낌을 느끼고 있다'라고 분명히 안다.

이와 같이, 그는 내적으로 또는 외적으로 또는 내외적으로, 느낌에서 느낌을 거듭 관찰하면서 지낸다. 또는 느낌에서 현상이 생겨나는 것을 거듭 관찰하면서 지낸다. 또는 느낌에서 (생겨난 현상이) 사라지는 것을 거듭 관찰하면서 지낸다. 또는 느낌에서 현상들이 생겨나고 사라지는 것을 거듭 관찰하면서 지낸다.

---

58 '세간적 욕망이 없는'이라는 말은 *nirāmisa*에 대한 번역이다. '색·성·향·미·촉·법色聲香味觸法의 여섯 가지 감각 대상에 대한 세간적인 맛이 없는'이라는 의미이다.

또는 그에게 '느낌이 있다'라고 하는 마음챙김이 분명하게 확립
된다. 바로 이 마음챙김은 분명한 앎을 얻기 위한 것이며, (현상
들에 대해서) 놓침이 없는 마음챙김을 얻기 위한 것이다. 따라서
그는 마음이 기울어져 의지하는 것이 없이 지내며, 그 어떠한
세간적인 것에 대해서도 집착하지 않는다. 이와 같이 비구들이
여, 느낌에서 느낌을 거듭 관찰하면서 지낸다.[59]

《長部》 22 〈大念處經〉 DN II 298~299.

마음(의 상태)에 대한 마음챙김의 확립 [心念處]

비구들이여, 그러면 어떻게 비구가 마음에서 마음을 거듭 관
찰하면서 지내는가?

비구들이여, 여기에 어떤 수행자가 탐욕이 있는 마음[有貪心]
을 탐욕이 있는 마음이라고 알며 또는 탐욕이 없는 마음[無貪
心]을 탐욕이 없는 마음이라고 분명히 안다. 또는 분노가 있는
마음[有瞋心]을 분노가 있는 마음이라고 알며, 분노가 없는 마
음[無瞋心]을 분노가 없는 마음이라고 분명히 안다. 또는 무지가
있는 마음[有癡心]을 무지가 있는 마음이라고 알며, 무지가 없

---

59 「네 가지 마음챙김」 가운데에서 「느낌에 대한 마음챙김」이 「몸에 대한 마음챙
김」 뒤에 설해져 있는 것은 중요한 의미가 있다. 그 의미를 집중수행을 하는 수
행자의 경우와 일상생활에서의 경우를 들어서 생각해 보자.

(1) 집중수행의 경우

집중적인 수행을 하고 있는 수행자는 몸과 마음에서 생겨나는 감각과 느낌을 생생하게 파악하게 된다. 우선적으로는 육체적인 감각(주로 괴로운 감각)을 경험하게 될 것이다. 특히 초보자의 경우, 좌선을 할 때에는 다리의 통증이나, 등의 통증을 느끼게 될 것이다. 이때, 통증이 느껴지는 과정을 놓치지 않고 관찰하는 것이 중요하다. 일상적인 생활에서는 몸에서 통증이 생기면, 바로 그 통증을 제거하기 위한 조건 반사적인 행동을 취하게 된다. 수행 도중에도 이러한 조건 반사적인 행동을 취한다면, 감각적인 느낌의 본질을 알지 못하게 될 것이다. 수행은 자극에 대해서 반사적인 행동을 하는 것이 아니라, 자극 자체를 알아차리는 작업이다. 다리의 통증이나 등의 통증이 있을 때, 견디어 낼 수 있을 때까지 견디면서(이때 중요한 것은 마음의 평온을 유지해야 한다는 점을 명심할 것) 감각 자체를 관찰하면서 그 본질을 알아차려야 한다. 자신의 몸에서 일어나는 즐거운 감각 불쾌한 감각 등의 자극을 반사적인 반응 없이 알아차려 나갈 때, 그 감각들의 본질을 직접 이해하게 된다. 즉 모든 감각과 느낌은 (조건에 의해서) 생겨나서, (조건이 없어지면) 사라져 가는 것이라는 본질을 자신의 관찰을 통해서 직접적으로 이해하게 된다. 이러한 이해가 생기면, 고통을 견디어 내는 힘도 강해지고, 즐거운 느낌에도 집착하는 마음이 없어지게 된다.

수행 도중에는 마음의 집중이 향상함에 의해서 강한 기쁨이나 희열 등이 생겨나기도 한다. 이 때 경험하는 기쁨도 생겨나는 순간에 관찰해야 하는 대상일 뿐, 붙들고 집착할 대상은 아니다. 좋은 경험도 결국은 사라지는 경험이라는 것을 잊어서는 안 된다. 끊임없이 생겨나는 즐겁고, 괴로운 느낌들을 집착하지도 싫어하지도 않으면서 관찰해 나갈 때, 지혜가 성숙해 가는 것이다. 느낌은 지혜를 계발하는 재료이다. 몸에 대한 마음챙김은 일차적으로 몸에서 일어나는 감각적 느낌에 대한 마음챙김으로 바로 연결되어 있다.

(2) 일상생활에서의 느낌에 대한 관찰

우리들의 일상생활은 갖가지 감각적인 자극들로 가득 차 있다. 다섯 가지 감각 기관은 무방비 상태로 개방된 채 수많은 자극들을 소화도 시키지 못한 채 받아들이고 있는 것이다. 마음은 이렇게 쏟아져 들어오는 자극들을 정리도 못한 채, 이리저리 헤매고 있는 것이 우리들의 평범한 일상의 모습이다. 즐거운 느낌이 있으면, 더욱 그 느낌을 얻으려 하고, 불쾌한 느낌이 있으면, 그 느낌을 없애려고 애를 쓴다. 이렇게 해서 우리의 마음속에서는 우리를 불행하게 하는 탐욕과 분노가 생겨나는 것이다. 탐욕과 분노라는 마음의 번뇌는 즐거운 느낌과 괴로운 느낌에 의해서 생겨난다. 즉 번뇌의 원인은 느낌에 있는 것이다. 하지만 우리는 느낌을 없앨 수는 없다. 느낌은 감각는 마음[無癡心]을 무지가 없는 마음이라고 분명히 안다. 또는 (혼침과 졸음으로) 침체된 마음을 침체된 마음이라고 알며, (들뜸으로) 산만해진 마음을 산만해진 마음이라고 분명히 안다. (선정에 의해) 고양된mahaggataṃ 마음을 고양된 마음이라고 알며, (선정을 완전히 닦아 더 이상) 고양되지 않는 마음을 고양되지 않는 마음이라고 분명히 안다. (닦을 선정이 남아 있어) 위가 있는 sauttaraṃ 마음을 위가 있는 마음이라고 알며, (닦을 선정이 남아 있지 않아) 위가 없는anuttaraṃ 마음을 위가 없는 마음이라고 분명히 안다. (선정에 의해) 집중이 된 마음을 집중이 된 마음이라고 알며, 집중이 안 된 마음을 집중이 안 된 마음이라고 분명히 안다. (선정에 의해 일시적으로 번뇌에서 벗어나) 자유로워진 마음 [解脫心]을 자유로워진 마음이라고 알며, 자유로워지지 않은 마음[非解脫心]을 자유로워지지 않은 마음이라고 분명히 안다.

기관과 대상과의 접촉에서 생기기 때문이다. 문제는 느낌 자체가 아니라 느낌에 대한 집착과 거부감이다.

예를 들면, 여름철의 무더위 때문에 육체의 불쾌한 감각이 생긴다. 이 불쾌한 감각 때문에 정신적인 짜증이 생기고 불쾌지수가 높아지는 것이다. 이처럼 육체의 불쾌감이 정신의 불쾌감의 원인이 되는 것은 일상에서 언제나 경험되는 일이다. 조금이라도 자신의 마음을 살피려 하고 탐욕과 분노라는 마음의 번뇌를 덜어내려면, 느낌에 의해서 이러한 번뇌가 일어나는 과정을 잘 이해해서, 느낌 뒤에 번뇌가 생겨나는 것을 방지하는 힘을 키워야 할 것이다. 여름은 더운 계절이라는 상식을 다시 한 번 생각하면, 더위를 정신적으로 견디어 내는 힘이 생겨날 것이다. 느낌을 바로 이해하는 것은 그 느낌을 극복하는 열쇠가 될 수 있을 것이다. 일상생활에서도 느낌에 대한 마음챙김은 큰 힘을 발휘할 수 있다.

* 여기에서 사용된 마음*citta*이란 마음 또는 의식의 순간들(moments of consciousness)을 통틀어서 일컫는 집합적인 용어이다. 의식[識 *viññāṇa*]과 같은 의미로 사용되는 마음 또는 의식이라는 용어를 사고(思考: thought)라고 번역해서는 안 된다. 사고思考와 생각함thinking은 마음의 언어적인 작용, 즉 거친 생각[尋]과 미세한 생각[伺]에 해당하며, 형성의 무더기인 행온行蘊이다.

이와 같이, 그는 내적으로 또는 외적으로 또는 내외적으로, 마음에서 마음을 거듭 관찰하면서 지낸다. 또는 마음에서 현상이 생겨나는 것을 거듭 관찰하면서 지낸다. 또는 마음에서 (생겨난 현상이) 사라지는 것을 거듭 관찰하면서 지낸다. 또는 마음에서 현상들이 생겨나고 사라지는 것을 거듭 관찰하면서 지낸다. 또는 그에게 '마음이 있다'라고 하는 마음챙김이 분명하게 확립된다. 바로 이 마음챙김은 분명한 앎을 얻기 위한 것이며, (현상들에 대해서) 놓침이 없는 마음챙김을 얻기 위한 것이다. 따라서 그는 마음이 기울어져 의지하는 것이 없이 지내며, 그 어떠한 세간적인 것에 대해서도 집착하지 않는다. 이와 같이 비구들이여, 마음에서 마음을 거듭 관찰하면서 지낸다.[60]

---

60 냐나틸로카 스님의 해설에서도 언급되었듯이, 여기에서 말하는 '마음'이란 의식의 순간들을 의미하는 말이다. 특히 사소한 마음의 변화도 민감하게 포착하고 있는 수행 중의 수행자의 마음 또는 의식의 순간들을 가리키고 있다.
마음 또는 의식이란 고정되어 있는 실체가 아니라 조건에 의해서 생겨났다가는 사라지는 순간순간의 마음의 총체를 말한다. 엄밀하게 말하면 마음은 순

《長部》22〈大念處經〉DN II 299~300.

간순간 변하므로 동일한 두 마음은 존재하지 않는다는 것이 불교의 기본적인 입장이다. 시간의 변화에 따라 마음을 만들어 낸 조건도 변하므로, 동일한 시간이 존재하지 않는 것과 같이 동일한 마음은 존재하지 않는 것이다. 일상적으로 우리가 생각하는 마음은 이렇게 끊임없이 변하고 있는 마음을 어떤 범주를 정해서 편의상 이름을 붙여서 부르고 있는 것이다.

위와 같은 경전에 설해진 마음의 범주를 후대의 아비달마 불교에서는 정밀하게 분류하였다. 아비달마 불교의 분류는 지면상 생략하지만, 〈大念處經〉의 「마음(의 상태)에 대한 마음챙김의 확립」에서 제시된 마음은 16가지의 마음의 범주임을 알 수 있다. 탐욕과 성냄과 무지라는 근본적인 번뇌와 관계된 마음과 선정수행과 관계된 마음의 순간들이 제시되어 있다. 이 경전을 듣는 청중이 수행승들이라는 점을 생각하면, 수행 도중에 경험되는 마음의 순간들에 대한 언급이 자세히 설해진 것을 이해할 수 있다. 요점은 수행 도중에 경험하는 마음들에 대해서 정확하게 알아차리는 것이며, 그러한 마음을 집착하거나 거부하는 것이 아니라는 점이다. 탐심이 일어나면, 탐심이라고 알아차리면 된다. 알아차리게 되면, 생겨난 탐심이 어떻게 변화해 가는지 스스로 알게 될 것이다. 수행의 힘이 약한 일상의 마음으로는 탐심이 있다는 점을 알아도 그 탐심을 다루는 법에 능숙하지 못하므로 탐심이라는 문제는 해결되지 않은 채 남아 있게 된다. 하지만 마음챙김의 힘을 어느 정도 갖추고 있다면, 탐심이 일어나는 순간 탐심을 알아차려 탐심의 진행은 차단된다. 알아차리는 순간 탐심은 끊어져 사라지게 되는 것이다. 이것이 수행에 의해 생겨난 지혜의 힘에 의해서 번뇌가 제어되는 과정이다. 탐심과 같은 부정적인 마음뿐만 아니라, 탐심이 없는 마음이라는 긍정적인 마음도 정확하게 알아차려야 한다. 즉, 탐심을 알아차린 후 탐심이 사라졌으면, 탐심이 사라졌음을 분명히 파악해야 한다. 알아차림이라는 마음의 작용에 의해서 부정적인 마음들은 사라지고, 긍정적인 마음, 청정한 마음이 생겨나게 된다. 이때 주의해야 할 점은 긍정적인 마음에도 집착해서는 안 된다는 것이다. 부정적인 마음이 사라짐으로써 생겨난 긍정적인 마음도 집착의 대상이 된다면 결국 또 다른 탐심(부정적인 마음)이 생겨나는 결과를 초래하기 때문이다. 긍정적인 마음이 생겨나면, 생겨났음을 바로 알아차려야 하는 이유가 여기에 있다. 부정적인 마음도 긍정적인 마음도 거부나 집착의 대상이 아니라 마음챙김(알아차림)의 대상이 될 때, 수행은 제대로 진행되는 것이다. 그 어떠한 것이라도 생겨나고 경험된 것은 알아차림의 대상이지, 집착의 대상은 아니다. 부정적인 요소가 없어지고, 긍정적인 요소가 생겨나는 것은 좋은 일이다. 하지만 긍정적인 요소에도 집착하지 않는 것이 수행의 바른 길이다. 수행을 하는 과정에서 경험되는 좋은 마음의 순간들은 수행이 향상되

법에 대한 마음챙김의 확립 [法念處]⁶¹

고 있음을 말해준다. 향상된 마음에 집착하지 않고 마음챙김을 지니고 세심하게 주의 기울이는 것은 수행을 바른 길로 인도하는 방법이다. 순간순간의 마음을 잘 살피고 마음챙김을 굳게 지닐 때, 부정적인 마음은 사라지고, 마음은 청정해지며, 더욱더 지혜로워질 것이다. 마음챙김 수행의 유익함은 바로 스스로 청정해지며, 어떤 바람에도 흔들리지 않는 지혜를 갖추게 해주는 것이며, 궁극적으로는 이렇게 얻은 지혜의 힘으로 최상의 행복인 열반을 얻는 데에 있는 것이다.

61 「네 가지 마음챙김의 확립」 가운데 네 번째의 「법에 대한 마음챙김의 확립」에 대한 부분은 마음챙김 수행의 대상과 장애, 수행 도중에 경험하는 좋은 현상들 그리고 마지막 목적을 전체적으로 이해하는 데 가장 중요한 부분이다. 앞서 설해진 몸에 대한 마음챙김의 확립[身念處], 느낌에 대한 마음챙김의 확립[受念處], 마음에 대한 마음챙김의 확립[心念處] 등의 수행의 전 과정이 요약 정리되어 제시되면서, 초기불교의 주요 교설인 오개五蓋, 오온五蘊, 십이처十二處, 칠각지七覺支, 사성제四聖諦가 설해져 있다. 법념처法念處에서는 이처럼 5가지 범주의 '물질·정신'에 대한 마음챙김이 설해지고 있으나 주의해야 할 점은, 이러한 교리들에 대해서 이론적으로 생각하는 것이 아니라, 실제적인 수행을 해 나가면서 마음챙겨 알아차림의 대상으로 삼아야 한다는 점이다. 먼저 법념처에서 마음챙김의 대상으로 삼는 수행의 대상 또는 주제는 인간의 정신·물질 전체인 오온五蘊이다. 이렇게 우리 자신의 정신·물질을 관찰하고 알아차리는 수행을 시작하는 수행자가 처음 부딪히는 문제가 다섯 가지 덮개[五蓋: 욕망, 악의(분노), 혼침과 졸음, 들뜸과 회한(우울), 회의적 의심]이다. 일차적인 수행의 대상인 물질(좌선 시에는 호흡이나 호흡에 동반되어 발생하는 복부의 움직임이며, 행선(걷는 수행) 시에는 들어올리고, 앞으로 나아가고, 내려놓는 동작임)을 마음챙겨서 알아차리다가 마음에서 수행에 방해가 되는 다섯 가지 장애가 생기면 생기는 바로 그 즉시 알아차리고 알아차린 후 이 장애들이 사라지면 사라졌다고 바로 알아차려야 한다고 이 부분에서 설하고 있는 것이다.

집중적인 수행을 하지 않을 때에도 다섯 가지 덮개는 우리의 마음을 오염시키는 번뇌이므로 항상 주의 깊게 살펴서 마음에서 생겨난 이러한 번뇌들이 주인 노릇을 못하게 해야 한다. 이러한 번뇌를 차단시키려면 항상 자신의 마음과 몸에서 일어나는 현상들을 기민한 마음챙김으로 알아차려야 한다. 마음챙김이라는 문지기가 없으면 우리의 마음에는 갖가지 번뇌가 생겨나기 때문이다. 번뇌라는 정신적인 현상으로서의 법이 생겨날 때 그리고 사라질 때 즉시 알아차리는 것이 마음챙김에 의거한 위빠사나 수행에서의 법에 대한 마음챙김의 한

다섯 가지 덮개[五蓋]에 대한 마음챙김

비구들이여, 그러면 어떻게 비구가 법에서 법을 거듭 관찰하면서 지내는가?

비구들이여, 여기에 어떤 수행자가 다섯 가지 덮개[五蓋]라는 법에서 법을 거듭 관찰하면서 지낸다. 그러면 비구들이여, 어떻게 다섯 가지 덮개[五蓋]라는 법에서 법을 거듭 관찰하면서 지내는가? 비구들이여, 여기에 내적으로 감각적 욕망이 있으면, '나에게 내적으로 감각적 욕망이 있다'라고 분명히 안다. 또는 내적으로 감각적 욕망이 없으면, '나에게 내적으로 감각적 욕망이 없다'라고 분명히 안다. 그리고 생겨나지 않았던 감각적 욕망이 일어나면 바로 그것을 분명히 알고, 생겨난 감각적 욕망이 사라지면 바로 그것을 분명히 안다. 그리고 이미 사라진 감각적 욕망이 이후에 생겨나지 않으면, 바로 그것을 분명히 안다.

또는 내적으로 악의(惡意, 분노)가 있으면, '나에게 내적으로 악의가 있다'라고 분명히 안다. 또는 내적으로 악의가 없으면, '나에게 내적으로 악의가 없다'라고 분명히 안다. 그리고 생겨나지 않았던 악의가 일어나면 바로 그것을 분명히 알고, 생겨난

부분이다. 법에 대한 마음챙김은 다섯 가지 덮개에 이어서 (2) 오온[色·受·想·行·識] (3) 십이처[眼·耳·鼻·舌·身·意와 色·聲·香·味·觸·法] (4) 칠각지[念, 擇法, 精進, 喜, 輕安, 定, 捨] (5) 사성제[苦·集·滅·道]로 이어지며 수행이 완성되어 간다.

악의가 사라지면 바로 그것을 분명히 안다. 그리고 이미 사라진 악의가 이후에 생겨나지 않으면, 바로 그것을 분명히 안다.

또는 내적으로 혼침과 졸음이 있으면, '나에게 내적으로 혼침과 졸음이 있다'라고 분명히 안다. 또는 내적으로 혼침과 졸음이 없으면, '나에게 내적으로 혼침과 졸음이 없다'라고 분명히 안다. 그리고 생겨나지 않았던 혼침과 졸음이 일어나면 바로 그것을 분명히 알고, 생겨난 혼침과 졸음이 사라지면 바로 그것을 분명히 안다. 그리고 이미 사라진 혼침과 졸음이 이후에 생겨나지 않으면, 바로 그것을 분명히 안다.

또는 내적으로 들뜸과 회한(우울)이 있으면, '나에게 내적으로 들뜸과 회한이 있다'라고 분명히 안다. 또는 내적으로 들뜸과 회한이 없으면, '나에게 내적으로 들뜸과 회한이 없다'라고 분명히 안다. 그리고 생겨나지 않았던 회한이 일어나면 바로 그것을 분명히 알고, 생겨난 들뜸과 회한이 사라지면 바로 그것을 분명히 안다. 그리고 이미 사라진 들뜸과 회한이 이후에 생겨나지 않으면, 바로 그것을 분명히 안다.

또는 내적으로 회의적 의심이 있으면, '나에게 내적으로 회의적 의심이 있다'라고 분명히 안다. 또는 내적으로 회의적 의심이 없으면, '나에게 내적으로 회의적 의심이 없다'라고 분명히 안다. 그리고 생겨나지 않았던 회의적 의심이 일어나면 바로 그것을 분명히 알고, 생겨난 회의적 의심이 사라지면 바로 그것을 분명히 안다. 그리고 이미 사라진 회의적 의심이 이후에 생겨나지 않으면, 바로 그것을 분명히 안다.

이와 같이, 그는 내적으로 또는 외적으로 또는 내외적으로, 법에서 법을 거듭 관찰하면서 지낸다. 또는 법에서 현상이 생겨나는 것을 거듭 관찰하면서 지낸다. 또는 법에서 (생겨난) 현상이 사라지는 것을 거듭 관찰하면서 지낸다. 또는 법에서 현상들이 생겨나고 사라지는 것을 거듭 관찰하면서 지낸다. 또는 그에게 '법이 있다'라고 하는 마음챙김이 분명하게 확립된다. 바로 이 마음챙김은 분명한 앎을 얻기 위한 것이며, (현상들에 대해서) 놓침이 없는 마음챙김을 얻기 위한 것이다. 따라서 그는 마음이 기울어져 의지하는 것이 없이 지내며, 그 어떠한 세간적인 것에 대해서도 집착하지 않는다. 이와 같이 비구들이여, 법에서 법을 거듭 관찰하면서 지낸다.

《長部》22 〈大念處經〉 DN II 300~301.

다섯 가지 집착된 무더기[五取蘊]에 대한 마음챙김

비구들이여, 그러면 어떻게 비구가 법에서 법을 거듭 관찰하면서 지내는가?

비구들이여, 여기에 어떤 수행자가 다섯 가지 집착된 무더기 [五取蘊]라는 법에서 법을 거듭 관찰하면서 지낸다. 그러면 비구들이여, 어떻게 다섯 가지 집착된 무더기[五取蘊]라는 법에서 법을 거듭 관찰하면서 지내는가? 비구들이여, 여기에 비구가 '이것은 물질[色]이다', '이것은 물질의 발생이다', '이것은 물질의 소멸이다'라고 분명히 안다. '이것은 느낌[受]이다', '이것은 느낌의 발생이다', '이것은 느낌의 소멸이다'라고 분명히 안다. '이것은 지각[想]이다', '이것은 지각의 발생이다', '이것은 지각의 소멸이다'라고 분명히 안다. '이것은 형성[行]이다', '이것은 형성의 발생이다', '이것은 형성의 소멸이다'라고 분명히 안다. '이것은 의식[識]이다', '이것은 의식의 발생이다', '이것은 의식의 소멸이다'라고 분명히 안다.

이와 같이, 그는 내적으로 또는 외적으로 또는 내외적으로, 법에서 법을 거듭 관찰하면서 지낸다. 또는 법에서 현상이 생겨나는 것을 거듭 관찰하면서 지낸다. 또는 법에서 (생겨난) 현상이 사라지는 것을 거듭 관찰하면서 지낸다. 또는 법에서 현상들이 생겨나고 사라지는 것을 거듭 관찰하면서 지낸다. 또는 그에게 '법이 있다'라고 하는 마음챙김이 분명하게 확립된다. 바로 이 마음챙김은 분명한 앎을 얻기 위한 것이며, (현상들에 대해서) 놓침이 없는 마음챙김을 얻기 위한 것이다. 따라서 그는 마음이 기울어져 의지하는 것이 없이 지내며, 그 어떠한 세간적인 것에 대해서도 집착하지 않는다. 이와 같이 비구들이여, 다섯 가지 집착된 무더기[五取蘊]라는 법에서 법을 거듭 관찰하면서 지낸다.

여섯 가지 인식기관과 인식대상[六內外處]에 대한 마음챙김

비구들이여, 여기에 어떤 수행자가 여섯 가지 내적인 인식기관과 외적인 인식대상[六內外處]이라는 법에서 법을 거듭 관찰하면서 지낸다. 그러면 비구들이여, 어떻게 여섯 가지 내적인 인식기관과 외적인 인식대상이라는 법에서 법을 거듭 관찰하면서 지내는가? 여기에 비구가 눈[眼: 시각기관]을 분명히 알고, 색[色: 시각 대상으로서의 모양과 색깔]을 분명히 안다. 그리고 이 두 가지를 조건으로 해서 생겨난 (번뇌의) 족쇄[結: saṃyojana]⁶²를 분명히 안다. 그리고 아직 생겨나지 않았던 족쇄가 생겨나면 그것을 분명히 알고, 생겨난 족쇄가 끊어지면 그것을 분명히 안다. 그리고 끊어진 족쇄가 이후로 생겨나지 않으면 그것을 분명히 안다.

귀[耳: 청각기관]를 알고, 소리[聲]를 분명히 안다. 그리고 이 두 가지를 조건으로 해서 생겨난 (번뇌의) 족쇄를 분명히 안다. 그리고 아직 생겨나지 않았던 족쇄가 생겨나면 그것을 분명히 알고, 생겨난 족쇄가 끊어지면 그것을 분명히 안다. 그리고 끊

---

62 여기에서의 족쇄란 눈[眼]과, 색[色]을 조건으로 해서 생겨나는 감각적 욕망에 대한 탐착[欲貪 kāmarāga], 성냄[瞋 paṭigha], 아만[慢 māna], 잘못된 견해[見 diṭṭhi], 회의적인 의심[疑 vicikicchā], 계와 금기에 대한 집착[戒禁取 sīlabbata-parāmāsa], 존재에 대한 탐착 [有貪 bhavarāga], 질투[嫉妬 issā], 인색[吝嗇 macchariya], 무지[無明 avijjā]라는 열 가지 속박이라고 주석서에서 말하고 있다. 《DN-a》 III 784.

어진 족쇄가 이후로 생겨나지 않으면 그것을 분명히 안다.

코[鼻: 후각기관]를 알고, 냄새[香]를 분명히 안다. 그리고 이 두 가지를 조건으로 해서 생겨난 (번뇌의) 족쇄를 분명히 안다. 그리고 아직 생겨나지 않았던 족쇄가 생겨나면 그것을 분명히 알고, 생겨난 족쇄가 끊어지면 그것을 분명히 안다. 그리고 끊어진 족쇄가 이후로 생겨나지 않으면 그것을 분명히 안다.

혀[舌: 미각기관]를 알고, 맛[味]을 분명히 안다. 그리고 이 두 가지를 조건으로 해서 생겨난 (번뇌의) 족쇄를 분명히 안다. 그리고 아직 생겨나지 않았던 족쇄가 생겨나면 그것을 분명히 알고, 생겨난 족쇄가 끊어지면 그것을 분명히 안다. 그리고 끊어진 족쇄가 이후로 생겨나지 않으면 그것을 분명히 안다.

몸[身: 촉각 기관]을 분명히 알고, 접촉[觸]을 분명히 안다. 그리고 이 두 가지를 조건으로 해서 생겨난 (번뇌의) 족쇄를 분명히 안다. 그리고 아직 생겨나지 않았던 족쇄가 생겨나면 그것을 분명히 알고, 생겨난 족쇄가 끊어지면 그것을 분명히 안다. 그리고 끊어진 족쇄가 이후로 생겨나지 않으면 그것을 분명히 안다.

마음[意: 사고 기관]을 분명히 알고, 마음의 현상[法]을 분명히 안다. 그리고 이 두 가지를 조건으로 해서 생겨난 (번뇌의) 족쇄를 분명히 안다. 그리고 아직 생겨나지 않았던 족쇄가 생겨나면 그것을 분명히 알고, 생겨난 족쇄가 끊어지면 그것을 분명히 안다. 그리고 끊어진 족쇄가 이후로 생겨나지 않으면 그것을 분명히 안다.

이와 같이, 그는 내적으로 또는 외적으로 또는 내외적으로, 법에서 법을 거듭 관찰하면서 지낸다. 또는 법에서 현상이 생겨나는 것을 거듭 관찰하면서 지낸다. 또는 법에서 (생겨난) 현상이 사라지는 것을 거듭 관찰하면서 지낸다. 또는 법에서 현상들이 생겨나고 사라지는 것을 거듭 관찰하면서 지낸다. 또는 그에게 '법이 있다'라고 하는 마음챙김이 분명하게 확립된다. 바로 이 마음챙김은 분명한 앎을 얻기 위한 것이며, (현상들에 대해서) 놓침이 없는 마음챙김을 얻기 위한 것이다. 따라서 그는 마음이 기울어져 의지하는 것이 없이 지내며, 그 어떠한 세간적인 것에 대해서도 집착하지 않는다. 이와 같이 비구들이여, 여섯 가지 내적인 인식기관과 외적인 인식대상[六內外處]이라는 법에서 법을 거듭 관찰하면서 지낸다.[63]

《長部》 22 〈大念處經〉 DN II 302~303.

---

[63] 앞의 역주에서도 언급했지만, 오개五蓋, 오온五蘊, 십이처十二處, 칠각지七覺支, 사성제四聖諦가 설해져 있는 법에 대한 마음챙김[法念處]의 수행에서 주의해야 할 점은, 이러한 교리들에 대해서 이론적으로 생각하는 것이 아니라, 실제적인 수행을 해 나가면서 알아차림의 대상으로 삼아야 한다는 점이다. 네 가지 마음챙김[四念處]을 바탕으로 하여 수행하는 위빠사나 수행의 대상 또는 주제는 인간의 정신·물질을 세분한 다섯 가지 무더기[五蘊]이다. 다섯 가지 무더기로 제시된 우리들 자신의 정신·물질이 생겨나면 생겨나는 그 순간 바로 알아차리고, 사라지면 사라지는 바로 그 순간 알아차리는 것이 마음챙김을 바탕으로 한 위빠사나 수행의 비결이다. 즉, 끊임없이 생겨났다가는 사라지는 정신·물질을 바로 그 생멸의 순간에 포착하는 것이 마음챙김이며, 이러한 마음챙김이 있을 때, 현상들에 대한 바른 견해인 지혜가 생겨나는 것이다. 법에 대한 마음챙김의 다섯 가지 집착된 무더기[五取蘊]에 대한 항목에서는 이처럼 생멸하는 심신의 현상을 하나도 빠트림 없이 마음챙겨서 알아차릴 것을 가르치고 있다.

일곱 가지 깨달음의 요소[七覺支]에 대한 마음챙김

비구들이여, 그러면 어떻게 비구가 법에서 법을 거듭 관찰하면서 지내는가?

비구들이여, 여기에 어떤 수행자가 일곱 가지 깨달음의 요소라는 법에서 법을 거듭 관찰하면서 지낸다. 그러면 비구들이여, 어떻게 일곱 가지 깨달음의 요소라는 법에서 법을 거듭 관찰하면서 지내는가?

비구들이여, 여기에 비구가 내적으로 마음챙김의 깨달음의 요소[念覺支 sati-sambojjhaṅga]가 있을 때, '나에게 내적으로 마음챙김의 깨달음의 요소가 있다'라고 분명히 안다. 또는 내적으로 마음챙김의 깨달음의 요소가 없을 때, '나에게 내적으로 마음챙김의 깨달음의 요소가 없다'라고 분명히 안다. 그리고 아직

법에 대한 마음챙김의 세 번째 항목인 여섯 가지 인식기관과 인식대상[六內外處]에 대한 마음챙김에서는 인식기관이 인식대상과 부딪칠 때 생겨나는 번뇌를 다스리는 가르침으로 제시되었음을 알 수 있다. 눈으로 사물을 보는 순간 마음챙김이 없으면 우리의 마음에는 탐욕과 싫어함이라는 번뇌가 생겨나서 번뇌에 의해서 속박되어 버리고 만다. 이때, 번뇌가 생겨났으면 생겨났다고 바로 알아차리면, 그 번뇌는 끊어지게 된다. 번뇌가 끊어지면, 바로 번뇌가 끊어졌다고 알아차리고 다시 일차적인 마음챙김의 대상으로 돌아와서 마음챙김에 틈이 없게 해야 한다. 번뇌가 생겨나는 관문인 감각기관을 다스리는 가장 좋은 방법은 마음챙김이라는 문지기를 감각기관의 문에다 굳게 세워 놓는 것이다. 마음챙김이 굳게 자리하고 있을 때, 보고, 듣고, 냄새 맡고, 맛보고, 접촉하고, 생각하는 등의 인식이 생길 때, 마음을 얽어매는 족쇄인 번뇌는 생기지 않는다. 마음챙김이라는 하나의 방패가 있을 때, 온갖 번뇌를 극복할 수 있는 것이다.

생겨나지 않았던 마음챙김의 깨달음의 요소가 생겨나면, 그것을 분명히 안다. 그리고 이미 생겨난 마음챙김의 깨달음의 요소가 수행을 통해서 완성되면, 그것을 분명히 안다.

여기에 비구가 내적으로 법에 대한 고찰의 깨달음의 요소[擇法覺支 dhamma-vicaya-sambojjhaṅga]가 있을 때, '나에게 내적으로 법에 대한 고찰의 깨달음의 요소가 있다'라고 분명히 안다. 또는 내적으로 법에 대한 고찰의 깨달음의 요소가 없을 때, '나에게 내적으로 법에 대한 고찰의 깨달음의 요소가 없다'라고 분명히 안다. 그리고 아직 생겨나지 않았던 법에 대한 고찰의 깨달음의 요소가 생겨나면, 그것을 분명히 안다. 그리고 이미 생겨난 법에 대한 고찰의 깨달음의 요소가 수행을 통해서 완성되면, 그것을 분명히 안다.

여기에 비구가 내적으로 정진의 깨달음의 요소[精進覺支 viriya-sambojjhaṅga]가 있을 때, '나에게 내적으로 정진의 깨달음의 요소가 있다'라고 분명히 안다. 또는 내적으로 정진의 깨달음의 요소가 없을 때, '나에게 내적으로 정진의 깨달음의 요소가 없다'라고 분명히 안다. 그리고 아직 생겨나지 않았던 정진의 깨달음의 요소가 생겨나면, 그것을 분명히 안다. 그리고 이미 생겨난 정진의 깨달음의 요소가 수행을 통해서 완성되면, 그것을 분명히 안다.

여기에 비구가 내적으로 희열의 깨달음의 요소[喜覺支 pīti-

sambojjhaṅga]가 있을 때, '나에게 내적으로 희열의 깨달음의 요소가 있다'라고 분명히 안다. 또는 내적으로 희열의 깨달음의 요소가 없을 때, '나에게 내적으로 희열의 깨달음의 요소가 없다'라고 분명히 안다. 그리고 아직 생겨나지 않았던 희열의 깨달음의 요소가 생겨나면, 그것을 분명히 안다. 그리고 이미 생겨난 희열의 깨달음의 요소가 수행을 통해서 완성되면, 그것을 분명히 안다.

여기에 비구가 내적으로 (심신의) 평안의 깨달음의 요소[輕安覺支 *passaddhi-sambojjhaṅga*]가 있을 때, '나에게 내적으로 (심신의) 평안의 깨달음의 요소가 있다'라고 분명히 안다. 또는 내적으로 (심신의) 평안의 깨달음의 요소가 없을 때, '나에게 내적으로 (심신의) 평안의 깨달음의 요소가 없다'라고 분명히 안다. 그리고 아직 생겨나지 않았던 (심신의) 평안의 깨달음의 요소가 생겨나면, 그것을 분명히 안다. 그리고 이미 생겨난 (심신의) 평안의 깨달음의 요소가 수행을 통해서 완성되면, 그것을 분명히 안다.

여기에 비구가 내적으로 마음집중의 깨달음의 요소[定覺支 *samādhi-sambojjhaṅga*]가 있을 때, '나에게 내적으로 마음집중의 깨달음의 요소가 있다'라고 분명히 안다. 또는 내적으로 마음집중의 깨달음의 요소가 없을 때, '나에게 내적으로 마음집중의 깨달음의 요소가 없다'라고 분명히 안다. 그리고 아직 생겨나지 않았던 마음집중의 깨달음의 요소가 생겨나면, 그것을 분명히 안다. 그리고 이미 생겨난 마음집중의 깨달음의 요소가 수행을 통해서 완성되면, 그것을 분명히 안다.

여기에 비구가 내적으로 평정의 깨달음의 요소[捨覺支 *upekkhā-sambojjhaṅga*]가 있을 때, '나에게 내적으로 평정의 깨달음의 요소가 있다'라고 분명히 안다. 또는 내적으로 평정의 깨달음의 요소가 없을 때, '나에게 내적으로 평정의 깨달음의 요소가 없다'라고 분명히 안다. 그리고 아직 생겨나지 않았던 평정의 깨달음의 요소가 생겨나면, 그것을 분명히 안다. 그리고 이미 생겨난 평정의 깨달음의 요소가 수행을 통해서 완성되면, 그것을 분명히 안다.

이와 같이, 그는 내적으로 또는 외적으로 또는 내외적으로, 법에서 법을 거듭 관찰하면서 지낸다. 또는 법에서 현상이 생겨나는 것을 거듭 관찰하면서 지낸다. 또는 법에서 (생겨난) 현상이 사라지는 것을 거듭 관찰하면서 지낸다. 또는 법에서 현상들이 생겨나고 사라지는 것을 거듭 관찰하면서 지낸다. 또는 그에게 '법이 있다'라고 하는 마음챙김이 분명하게 확립된다. 바로 이 마음챙김은 분명한 앎을 얻기 위한 것이며, (현상들에 대해서) 놓침이 없는 마음챙김을 얻기 위한 것이다. 따라서 그는 마음이 기울어져 의지하는 것이 없이 지내며, 그 어떠한 세간적인 것에 대해서도 집착하지 않는다. 이와 같이 비구들이여, 일곱 가지 깨달

음의 요소[七覺支]라는 법에서 법을 거듭 관찰하면서 지낸다.⁶⁴

음의 요소[七覺支]라는 법에서 법을 거듭 관찰하면서 지낸다.[64]

───────

64 다섯 가지 덮개를 극복하면서 몸과 마음의 현상들을 관찰하는 수행을 계속해 나아가면, 일곱 가지 깨달음의 요소[七覺支]가 경험되기 시작한다. 이때가 되면 몸과 마음이 안정되며 수행에 대한 확신도 강해진다. 마음챙김[念覺支]이 더욱 예리해지고, 몸과 마음이라는 현상[法]에 대한 이해[擇法覺支]가 심화된다. 수행이 향상됨에 따라 좋은 현상들을 경험하게 되면서 더욱더 정진에 힘을 가하게 된다[精進覺支]. 마음에서 강한 희열을 맛보기도 하며[喜覺支], 마음과 몸은 평안해지고 안정된다[輕安覺支]. 희열을 맛보고 편안해진 마음은 더욱 집중을 이루게 되며[定覺支], 생겨났다가는 사라지는 심신의 온갖 현상들에 대해서 집착하지도 거부하지도 않는 마음의 평정이 유지된다[捨覺支].
수행이 진전되면서 생겨나는 일곱 가지 깨달음의 요소가 경험될 때 주의해야 할 점은, 이러한 긍정적인 현상에도 집착해서는 안 된다는 것이다. 수행의 핵심은 마음챙김을 놓치지 않는 것이다. 이러한 좋은 현상들도 마음챙김의 대상일 뿐이다. 경험되면 바로 알아차리고 일차적인 마음챙김의 대상을 알아차리는 일로 마음을 돌려야 한다.
《청정도론》에서는 《빠띠삼비다막가》(II 102)에 의거해서 다음과 같이 위빠사나를 닦는 수행자가 경험하게 되는 10가지 번뇌를 설명하고 있다. 10가지 위빠사나 수행에 따르는 번뇌[十觀隨染]는 모두 처음 위빠사나 수행을 열심히 하는 수행자에게만 생기는 번뇌이다.(Vism 633-638)
(1) 마음속에서 강한 빛을 경험하기도 하고[光明 obhāsa] (2) 예리한 이해력이 생겨 경전이나 교리의 깊은 의미를 꿰뚫듯이 이해되기도 하며[知 ñāṇa] (3) 몸의 전율을 느끼는 희열이 생기기도 하고[喜 pīti] (4) 몸과 마음은 아주 안정되어 평안해지며[輕安 passaddhi] (5) 마음에서 강렬한 즐거운 느낌을 느끼기도 하며[樂 sukha] (6) 강한 신심이 생겨나기도 하고[勝解 adhimokkha] (7) 더욱더 수행에 전념하여 정진을 하며[努力 paggaho] (8) 흔들림 없는 마음챙김이 뚜렷하게 항상 자리 잡으며[現起 upaṭṭhāna] (9) 생겨났다가 사라지는 현상들에 대해서 마음은 더욱더 무덤덤해져 평정해지며[捨 upekkhā] (10) 이러한 제 현상들에 대하여 '이것이 깨달음[道 magga]이다'는 미세한 집착과 욕망이 일어난다[欲求 nikanti]. 10가지 번뇌 가운데 문제가 되는 것은 10번째의 미세한 욕망이라는 점에 주목해야 한다.
수행 도중에 위와 같은 현상을 경험하게 되면, 이러한 현상에 대해서 집착하거나 미세한 욕망이 마음에 있는가를 잘 살펴서 조금이라도 집착하는 마음이 있다면 이는 번뇌라고 알아차리고 계속해서 수행을 해 나아가야 한다. 10가지 위빠사나 수행에 따르는 번뇌와 일곱 가지 깨달음의 요소와의 차이는 집착 또

네 가지 고귀한 진리[四聖諦]에 대한 마음챙김

비구들이여, 그러면 어떻게 비구가 법에서 법을 거듭 관찰하면서 지내는가?

비구들이여, 여기에 어떤 수행자가 네 가지 고귀한 진리[四聖諦]라는 법에서 법을 거듭 관찰하면서 지낸다. 그러면 비구들이여, 어떻게 네 가지 고귀한 진리라는 법에서 법을 거듭 관찰하면서 지내는가?

비구들이여, 여기에 어떤 수행자가 '이것은 괴로움이다'라고 있는 그대로[如實하게 yathābhūtaṃ] 분명히 안다. '이것은 괴로움의 발생(원인)이다'라고 있는 그대로 분명히 안다. '이것은 괴로움의 소멸이다'라고 있는 그대로 분명히 안다. '이것은 괴로움의 소멸에 이르는 길이다'라고 있는 그대로 분명히 안다.[65]

는 욕망이라는 번뇌에 있다. 깨달음의 일곱 가지 요소와 같이 수행을 통해서 얻은 좋은 현상에도 집착하면 안 된다는 가르침을 10가지 위빠사나 수행에 따르는 번뇌에서 찾아볼 수 있다.

[65] 《장부長部》의 〈대념처경大念處經〉에서 상세하게 설해져 있는 사성제의 자세한 내용에 대한 부분(DN II 305~313)은 냐나틸로카 스님의 편집에 따라서 생략한다. 하지만 실제로는 이 책 앞부분의 고·집·멸에 대한 해설에서 이미 많은 부분이 설명되었다. 네 가지 마음챙김의 확립[四念處]을 해설하고 있는 경전으로는 장부의 〈대념처경大念處經〉과 함께 중부의 〈염처경(念處經)〉(MN I 55~63)이 있다. 이 두 경전의 차이는 바로 사성제에 대한 설명에 있다. 〈대념처경〉에서는 자세한 설명이 제시되어 있음에 반해서 〈염처경念處經〉은 위와 같이 간단하게 사성제에 대한 항목만이 설해져 있다. 사성제는 불교의 근본적인 입장을 대표하는 교설이다. 불교는 다름 아니라 괴로움[苦]이라는 인간의 현실 상황에

이와 같이, 그는 내적으로 또는 외적으로 또는 내외적으로, 법에서 법을 거듭 관찰하면서 지낸다. 또는 법에서 현상이 생겨나는 것을 거듭 관찰하면서 지낸다. 또는 법에서 (생겨난) 현상이 사라지는 것을 거듭 관찰하면서 지낸다. 또는 법에서 현상들이 생겨나고 사라지는 것을 거듭 관찰하면서 지낸다. 또는 그에게 '법이 있다'라고 하는 마음챙김이 분명하게 확립된다. 바로 이 마음챙김은 분명한 앎을 얻기 위한 것이며, (현상들에 대해서) 놓침이 없는 마음챙김을 얻기 위한 것이다. 따라서 그는 마음이 기울어져 의지하는 것이 없이 지내며, 그 어떠한 세간적인 것에 대해서도 집착하지 않는다. 이와 같이 비구들이여, 네 가지 고귀한 진리[四聖諦]라는 법에서 법을 거듭 관찰하면서 지낸다.[66]

———

대한 파악과 괴로움의 소멸이라는 이상[涅槃]을 설한 가르침이다. 사성제에 대한 이해는 불교의 시발점이자 종착역이며, 불교수행의 시작점 고苦의 이해이자 목적지 고苦의 소멸이다.

[66] 네 가지 고귀한 진리[四聖諦]라는 법에 대한 마음챙김을 끝으로 네 가지 마음챙김 수행에 대한 설명이 막을 내렸다. 앞에서도 누누이 설명했듯이 사성제에 대한 마음챙김도 이론적으로 사성제에 대해서 생각하거나 분석하는 것이 아니라, 체험적으로 파악하는 것임을 명심해야 할 것이다. 사성제에 대한 마음챙김이 마지막에 제시된 것은 우연한 일이 아닐 것이다. 사성제에 대한 이해는 세 번째의 고귀한 진리인 열반의 체험으로 완성되는 것이므로, 마음챙김 수행도 궁극적으로는 열반의 체험으로 귀결되는 것이다. 열반의 체험은 괴로움의 소멸을 경험하는 순간을 말하며, 궁극적으로 아라한의 깨달음으로 이어진다.

네 가지 마음챙김의 확립의 이익 - 마음챙김 수행에 의한 깨달음의 보증

비구들이여, 누구든지 이 네 가지 마음챙김의 확립[四念處]을 이와 같이 7년간 닦는다면, 그에게는 두 가지의 결실 가운데 어느 하나의 결실이 기대될 것이다. 즉, 지금 이 생에서 (아라한의) 완전한 지혜를 이루거나, 집착이 남아 있는 경우에는 아나가미 [不還]의 깨달음을 이루게 될 것이다.

비구들이여, 7년은 그만두어도 좋다(7년은 걸리지 않아도 좋다). 이 네 가지 마음챙김의 확립을 이와 같이 6년간, … 5년간, … 4년간, … 3년간, … 2년간, … 1년간 닦는다면, 그에게는 두 가지의 결실 가운데 어느 하나의 결실이 기대될 것이다. 즉, 지금 이 생에서 (아라한의) 완전한 지혜를 이루거나, 집착이 남아 있는 경우에는 아나가미의 깨달음을 이루게 될 것이다.

비구들이여, 1년은 그만두어도 좋다. 이 네 가지 마음챙김의 확립을 이와 같이 7개월간 닦는다면, 그에게는 두 가지의 결실 가운데 어느 하나의 결실이 기대될 것이다. 즉, 지금 이 생에서 (아라한의) 완전한 지혜를 이루거나, 집착이 남아 있는 경우에는 아나가미의 깨달음을 이루게 될 것이다.

비구들이여, 7개월은 그만두어도 좋다. 이 네 가지 마음챙김의 확립을 이와 같이 6개월간, … 5개월간, … 4개월간, … 3개월간, … 2개월간, … 1개월간, … 보름 간 닦는다면, 그에게는 두 가지의 결실 가운데 어느 하나의 결실이 기대될 것이다. 즉, 지금 이 생에서 (아라한의) 완전한 지혜를 이루거나, 집착이 남아 있는 경우에는 아나가미의 깨달음을 이루게 될 것이다.

비구들이여, 보름은 그만두어도 좋다. 이 네 가지 마음챙김의 확립을 이와 같이 7일간 닦는다면, 그에게는 두 가지의 결실 가운데 어느 하나의 결실이 기대될 것이다. 즉, 지금 이 생에서 (아라한의) 완전한 지혜를 이루거나, 집착이 남아 있는 경우에는 아나가미의 깨달음을 이루게 될 것이다.

"비구들이여, 이것은 모든 중생들의 청정을 위한, 슬픔과 비탄을 극복하기 위한, 괴로움과 싫어하는 마음을 없애기 위한, 올바른 길에 이르기 위한, 열반을 깨닫기 위한 유일한 길이다. 바로 그것은 네 가지의 마음챙김의 확립이다"라고 앞에서 말한 것은 바로 이런 연유로 말한 것이다. 이와 같이 세존은 설하셨다. (설법을 들은) 그 비구들은 만족해하며, 세존의 설법에 대해 환희에 찼다.[67]

---

67 〈대념처경大念處經〉과 〈염처경念處經〉은 마지막으로 마음챙김 수행을 통해서 열반을 얻을 수 있는 수행 기간에 대해서 설하면서, 마음챙김 수행에 의한 깨달음을 보증하고 있다. 7년간의 긴 시간과 7일이라는 짧은 기간의 차이는 개개인의 수행의 차이에 있는 것임은 말할 것도 없을 것이다. 자신의 수행을 통해서 현재 이생에서 아라한이 될 수 있다는 붓다의 말씀을 받아들이고 받아들이지 않고는 개인의 문제이다. 불교는 누구에게나 그 길이 열려 있음을 가르치고 있을 뿐이다. 붓다는 길을 가리키는 분. 길은 각자 자신의 발로 한 발 한 발 나아가야 하는 것이다.

호흡에 대한 마음챙김 [入出息念] (간추림)

호흡의 관찰

비구들이여, 호흡에 대한 마음챙김[入出息念]을 닦아 자주 익힌 수행자는, 네 가지 마음챙김의 확립[四念處]을 완성하게 된다. 네 가지 마음챙김의 확립을 닦아 자주 익힌 수행자는 일곱 가지 깨달음의 요소[七覺支]를 완성하게 된다. 일곱 가지 깨달음의 요소를 닦아 자주 익힌 수행자는 지혜[明 *vijjā*]와 자유[解脫]를 이루게 된다.

비구들이여, 어떻게 호흡에 대한 마음챙김을 닦고, 자주 익혀서, (네 가지 마음챙김의 확립의 완성이라는) 큰 결과와 큰 이익을 얻겠는가?

비구들이여, 여기에 어떤 비구가 숲 속에 가거나 나무 아래에 가거나 빈방에 가서 가부좌를 하고 앉아서, 상체를 곧바로 세우고 전면에 마음챙김을 확고히 하여(또는 명상 주제에 마음을 챙기고서) 앉는다. 그러고는 마음챙겨 숨을 들이쉬고 마음챙겨 숨을 내쉰다.

(1) 길게 들이쉴 때, '길게 들이쉰다'고 분명히 알고[*pajānāti*], 길게 내쉴 때, '길게 내쉰다'고 분명히 안다.

(2) 짧게 들이쉴 때, '짧게 들이쉰다'고 분명히 알고, 짧게 내쉴 때, '짧게 내쉰다'고 분명히 안다.

(3) '온몸(호흡의 전 과정)을 느껴 알면서 들이쉬리라'고 수련하며[*sikkhati*], '온몸을 느껴 알면서 내쉬리라'며 수련한다.

(4) (호흡이라는) '몸의 작용을 가라앉히며 들이쉬리라'며 수련하며, '몸의 작용을 가라앉히며 내쉬리라'며 수련한다.

(5) (수행에 의해서 생겨난) '희열[喜]을 느껴 알면서 들이쉬리라'고 수련하며, '희열을 느껴 알면서 내쉬리라'며 수련한다.

(6) '행복[樂]을 느껴 알면서 들이쉬리라'고 수련하며, '행복을 느껴 알면서 내쉬리라'며 수련한다.

(7) (희열이나 행복이라는) '마음의 작용[心行]을 느껴 알면서 들이쉬리라'고 수련하며, '마음의 작용을 느껴 알면서 내쉬리라'며 수련한다.

(8) '(느낌이라는) 마음의 작용을 가라앉히며 들이쉬리라'며 수련하며, '마음의 작용을 가라앉히며 내쉬리라'며 수련한다.

(9) '마음의 상태를 느껴 알면서 들이쉬리라'고 수련하며, '마음의 상태를 느껴 알면서 내쉬리라'며 수련한다.

(10) '마음을 기쁘게 하면서 들이쉬리라'고 수련하며, '마음을 기쁘게 하면서 내쉬리라'며 수련한다.

(11) '마음을 집중하면서 들이쉬리라'고 수련하며, '마음을 집중하면서 내쉬리라'며 수련한다.

(12) '마음을 해탈시키면서 들이쉬리라'며 수련하며, '마음을 해탈시키면서 내쉬리라'며 수련한다.

(13) '무상을 거듭 관찰하면서 들이쉬리라'고 수련하며, '무상을 거듭 관찰하면서 내쉬리라'며 수련한다.

(14) '탐욕의 버림을 거듭 관찰하면서 들이쉬리라'고 수련하며, '탐욕의 버림을 거듭 관찰하면서 내쉬리라'며 수련한다.

(15) '소멸*nirodha*을 거듭 관찰하면서 들이쉬리라'고 수련하며, '소멸을 거듭 관찰하면서 내쉬리라'며 수련한다.

(16) '놓아버림을 거듭 관찰하면서 들이쉬리라'며 수련하며, '놓아버림을 거듭 관찰하면서 내쉬리라'며 수련한다.

호흡의 관찰과 네 가지 마음챙김

비구들이여, 어떻게 호흡에 대한 마음챙김[入出息念]을 닦아 자주 익혀서 네 가지 마음챙김의 확립[四念處]을 완성하는가?

1) 호흡의 관찰과 몸에 대한 마음챙김의 확립
(1) 비구들이여 어느 비구가 길게 들이쉴 때, '길게 들이쉰다'고 분명히 알고[*pajānāti*], 길게 내쉴 때, '길게 내쉰다'고 분명히

안다.

(2) 짧게 들이쉴 때, '짧게 들이쉰다'고 분명히 알고, 짧게 내쉴 때, '짧게 내쉰다'고 분명히 안다.

(3) '온몸(호흡의 전 과정)을 느껴 알면서 들이쉬리라'고 수련하며[*sikkhati*], '온몸을 느껴 알면서 내쉬리라'며 수련한다.

(4) (호흡이라는) '몸의 작용을 가라앉히며 들이쉬리라'며 수련하며, '몸의 작용을 가라앉히며 내쉬리라'며 수련한다.

이렇게 수행할 때, 비구들이여, 그 비구는 열심히, 분명한 앎을 지니고, 마음챙김을 지니고, 세간에 대한 탐착심과 싫어하는 마음을 제어하면서, 몸에서 몸을 거듭 관찰하면서 지내는 것이다. 왜냐하면 나는 바로 이 들숨[入息]과 날숨[出息]을 몸에서 몸을 관찰할 때의 대상으로 말하기 때문이다.

2) 호흡의 관찰과 느낌에 대한 마음챙김의 확립

(5) 비구들이여 어느 비구가 (수행에 의해서 생겨난) '희열[喜]을 느껴 알면서 들이쉬리라'고 수련하며, '희열을 느껴 알면서 내쉬리라'며 수련한다.

(6) '행복[樂]을 느껴 알면서 들이쉬리라'고 수련하며, '행복을 느껴 알면서 내쉬리라'며 수련한다.

(7) (희열이나 행복이라는) '마음의 작용[心行]을 느껴 알면서 들이쉬리라'고 수련하며, '마음의 작용을 느껴 알면서 내쉬리

라'며 수련한다.

(8) '(느낌이라는) 마음의 작용을 가라앉히며 들이쉬리라'며 수련하며, '마음의 작용을 가라앉히며 내쉬리라'며 수련한다.

이렇게 수행할 때, 비구들이여, 그 비구는 열심히, 분명한 앎을 지니고, 마음챙김을 지니고, 세간에 대한 탐착심과 싫어하는 마음을 제어하면서 느낌에서 느낌을 거듭 관찰하면서 지내는 것이다.

3) 호흡의 관찰과 마음에 대한 마음챙김의 확립

(9) 비구들이여, 어느 비구가 '마음의 상태를 느껴 알면서 들이쉬리라'고 수련하며, '마음의 상태를 느껴 알면서 내쉬리라'며 수련한다.

(10) '마음을 기쁘게 하면서 들이쉬리라'고 수련하며, '마음을 기쁘게 하면서 내쉬리라'며 수련한다.

(11) '마음을 집중하면서 들이쉬리라'고 수련하며, '마음을 집중하면서 내쉬리라'며 수련한다.

(12) '마음을 해탈시키면서 들이쉬리라'며 수련하며, '마음을 해탈시키면서 내쉬리라'며 수련한다.

이렇게 수행할 때, 비구들이여, 그 비구는 열심히, 분명한 앎을 지니고, 마음챙김을 지니고, 세간에 대한 탐착심과 싫어하는 마음을 제어하면서 마음에서 마음을 거듭 관찰하면서 지내는 것이다.

4) 호흡의 관찰과 법에 대한 마음챙김의 확립

(13) 비구들이여, 어느 비구가 '무상을 거듭 관찰하면서 들이쉬리라'고 수련하며, '무상을 거듭 관찰하면서 내쉬리라'며 수련한다.

(14) '탐욕의 버림을 거듭 관찰하면서 들이쉬리라'고 수련하며, '탐욕의 버림을 거듭 관찰하면서 내쉬리라'며 수련한다.

(15) '소멸nirodha을 거듭 관찰하면서 들이쉬리라'고 수련하며, '소멸을 거듭 관찰하면서 내쉬리라'며 수련한다.

(16) '놓아버림을 거듭 관찰하면서 들이쉬리라'며 수련하며, '놓아버림을 거듭 관찰하면서 내쉬리라'며 수련한다.

이렇게 수행할 때, 비구들이여, 그 비구는 열심히, 분명한 앎을 지니고, 마음챙김을 지니고, 세간에 대한 탐착심과 싫어하는 마음을 제어하면서 법에서 법을 거듭 관찰하면서 지내는 것이다. 왜냐하면 지혜에 의해서 탐착심과 싫어하는 마음을 극복한 비구는 사물을 평정한 마음[捨心]으로 보기 때문이다. 따라서 이 경우를 무상無常 등의 법에서 법을 관찰하는 수행의 대상이라고 나는 말한다.[68]

《中部》 118 〈입출식념경〉 MN III 78~85.

---

68 《장부長部》의 〈대념처경〉에 대한 정리를 끝낸 후, 냐나틸로카 스님은 《중부中部》의 〈입출식념경〉의 내용을 간추려서 정리했다. 〈입출식념경〉 〈대념처경〉에서 간단하게 설명되었던 호흡에 대한 마음챙김[入出息念]이 상세하게 다루어지면서, 호흡에 대한 마음챙김을 바탕으로 한 수행의 점진적인 향상이 제시되어 있는 경이 바로 《중부中部》의 〈입출식념경〉이다. 호흡에 대한 마음챙김을 바탕으로 한 수행의 점진적인 향상은 다음과 같이 전개된다. 먼저 호흡에 대한 마음

호흡의 관찰과 일곱 가지 깨달음의 요소

비구들이여, 어떻게 네 가지 마음챙김[四念處]을 닦고 자주 익혀서 일곱 가지 깨달음의 요소[七覺支]를 완성시키는가?

비구들이여, 열심히, 분명한 앎을 지니고, 마음챙김을 지니고, 세간에 대한 탐착심과 싫어하는 마음을 제어하면서, 어떤 비구가 몸에서 몸을 거듭 관찰하면서 지낼 때, 느낌에서 느낌을 거듭 관찰하면서 지낼 때, 마음에서 마음을 거듭 관찰하면서 지낼 때, 법에서 법을 거듭 관찰하면서 지낼 때, 그때 그의 마음챙김은 뚜렷이 확립되어 있고, 흐리멍덩하지 않은 상태이다. 비구들이여, 그 비구의 마음챙김이 뚜렷이 확립되어 있고, 흐리멍

챙김[入出息念]에서 네 가지 마음챙김[四念處]으로 수행이 향상되며, 다시 네 가지 마음챙김 수행은 일곱 가지 깨달음의 요소[七覺支]로 향상되고, 일곱 가지 깨달음의 요소에 의해서 지혜[明 vijjā]와 자유[解脫]를 이루게 된다는 구체적인 수행의 단계가 이 경에는 조리 있게 설해져 있다. 호흡에 대한 마음챙김을 바탕으로 네 가지 마음챙김의 확립을 닦는 수행법은 현재의 남방불교의 주된 수행법의 한 가지이다. 태국 동북부의 아찬 먼 스님과 아찬 차 스님을 위시로 한 그의 제자들의 수행법, 태국 남부의 아찬 붓다다사 스님의 수행법, 미얀마의 레디 사야도의 수행전통(모곡 사야도, 순룬 사야도, 우바 킨, 고엔카 등)이 호흡에 대한 마음챙김을 기초로 하면서 네 가지 마음챙김을 바탕으로 한 위빠사나 수행법을 가르치고 있다.
〈입출식념경〉과 그 주석서에 나타난 수행법과 현대의 수행법(붓다다사 스님과 파욱 사야도의 가르침)에 대해서는 2005년 10월 30일 서울 가양동 홍원사에서 열린 근본불교국제학술대회자료집 《입출식념경의 수행이론과 실제》 참조.
http://cafe.daum.net/mettaa/JStI/1

덩하지 않은 상태일 때, 그에게 마음챙김의 깨달음의 요소[念覺支 sati-sambojjhaṅga]가 생겨난 것이며, 마음챙김의 깨달음의 요소를 닦는 것이며, 마음챙김의 깨달음의 요소를 수행을 통해서 완성하게 된다.

　이와 같이 마음챙김을 지니고 지내면서, 현상[법 dhamma]을 지혜에 의해서 (無常하고 苦이며 無我라고) 고찰하고, 검토하며, 사색한다. 이처럼 마음챙김을 지니고 지내면서, 현상을 지혜에 의해서 고찰하고, 검토하며, 사색할 때, 그때 그에게 법에 대한 고찰의 깨달음의 요소[擇法覺支 dhammavicaya- sambojjhaṅga]가 생겨난 것이며, 법에 대한 고찰의 깨달음의 요소를 닦는 것이고, 법에 대한 고찰의 깨달음의 요소를 수행을 통해서 완성하게 된다.

　현상을 지혜에 의해서 고찰하고, 검토하며, 사색하는 그 비구에게 흔들리지 않는 정진이 생겨난다. 현상을 지혜에 의해서 고찰하고, 검토하며, 사색하는 비구에게 흔들리지 않는 정진이 생겨났을 때, 그때 그에게 정진의 깨달음의 요소[精進覺支 viriya-sambojjhaṅga]가 생겨난 것이며, 그는 정진의 깨달음의 요소를 닦는 것이며, 정진의 깨달음의 요소를 수행을 통해서 완성하게 된다.

　정진을 일으켜 수행에 몰두하는 그 비구에게 (번뇌에 물들지 않은) 세간에서는 맛볼 수 없는 희열이 생겨난다. 정진을 일으켜 수행에 몰두하는 비구에게 세간에서는 맛볼 수 없는 희열이 생겨났을 때, 그때 그에게는 희열의 깨달음의 요소[喜覺支 *pīti-sambojjhaṅga*]가 생겨난 것이며, 희열의 깨달음의 요소를 닦는 것이고, 희열의 깨달음의 요소를 수행을 통해서 완성하게 된다.

희열에 넘쳐 있는 마음의 그 비구는 몸도 편안해지고 마음도 편안해진다. 희열에 넘쳐 있는 마음의 비구가 몸도 편안해지고 마음도 편안해질 때, 그때 그에게는 (심신의) 평안의 깨달음의 요소[輕安覺支 *passaddhi-sambojjhaṅga*]가 생겨난 것이며, 평안의 깨달음의 요소를 닦는 것이고, 평안의 깨달음의 요소를 수행을 통해서 완성하게 된다.

몸이 편안하고 마음이 안정된 그 비구는 마음이 집중된다. 몸이 편안하고 마음이 안정된 비구가 마음이 집중되었을 때, 그때 그에게는 마음집중의 깨달음의 요소[定覺支 *samādhi-sambojjhaṅga*]가 생겨난 것이며, 마음집중의 깨달음의 요소를 닦는 것이고, 마음집중의 깨달음의 요소를 수행을 통해서 완성하게 된다.

이처럼 집중된 마음을 지닌 그 비구는 치우치지 않는 마음의 평정한 상태를 잘 유지한다. 집중된 마음을 지닌 비구가 치우치지 않는 마음의 평정한 상태를 잘 유지할 때, 그때 그에게는 평정의 깨달음의 요소[捨覺支 *upekkhā-sambojjhaṅga*]가 생겨난 것이며, 평정의 깨달음의 요소를 닦는 것이고, 평정의 깨달음의 요소를 수행을 통해서 완성하게 된다.

비구들이여, 이와 같이 네 가지 마음챙김을 닦고 자주 익혀서 일곱 가지 깨달음의 요소[七覺支]를 완성한다.

호흡의 관찰과 해탈의 성취

비구들이여, 어떻게 일곱 가지 깨달음의 요소를 닦고 자주 익혀서 지혜[明 vijjā]와 자유[해탈]를 이루게 되는가?

비구들이여, 여기 어떤 비구가 (세간적인 것에서) 멀리 떨어짐[遠離 viveka]에 의거해서, 탐욕의 버림[離欲 virāga]에 의거해서, (번뇌 또는 괴로움의) 소멸[滅 nirodha]에 의거해서, 놓아버림[捨 vossagga]에 의거해서 마음챙김의 깨달음의 요소[念覺支], 법에 대한 고찰의 깨달음의 요소[擇法覺支], 정진의 깨달음의 요소[精進覺支], 희열의 깨달음의 요소[喜覺支], 평안의 깨달음의 요소[輕安覺支], 마음집중의 깨달음의 요소[定覺支], 평정의 깨달음의 요소[捨覺支]를 닦는다.

이와 같이 일곱 가지 깨달음의 요소를 닦고 자주 익히면 지혜와 자유[해탈]를 이루게 된다.[69]

《中部》118 〈입출식념경〉 MN III 85~88.

---

69 《중부中部》의 〈입출식념경〉에 제시되어 있는 수행의 향상 단계를 다시 정리해 본다. 먼저 호흡에 대한 마음챙김[入出息念]이 완성되면서 네 가지 마음챙김의 확립[四念處]으로 수행이 향상되며, 다시 네 가지 마음챙김의 확립은 일곱 가지 깨달음의 요소[七覺支]로 이어지고, 일곱 가지 깨달음의 요소에 의해서 지혜

네 가지 마음챙김에 의한 열반의 성취

마치 코끼리 조련사가 코끼리의 야성적인 습성을 제어하고 인간에게 맞는 습성을 가르치기 위해서, 땅에 커다란 기둥을 세워 놓고 코끼리 목을 붙들어 매어 놓는 것과 같이, 세간의 생활에 바탕을 둔 습성을 제어하기 위하여, 세간의 생활에 대한 기억과 성향을 제어하기 위하여, 세간의 생활에서 생기는 괴로움, 정신적인 피곤함, 열병을 제어하기 위하여, 궁극적으로는 진실한 길을 얻고 열반을 증득하기 위하여 이 네 가지 마음챙김의 확립[四念處]은 고귀한 제자들의 마음을 붙들어 매어 두는 기둥이다.

《中部》125〈調御地經〉MN III 136.

[明]와 자유[해탈]를 이루게 된다는 수행의 향상 단계를 본 경전을 통해서 확인할 수 있다.

호흡에 대한 마음챙김은 수식관隨息觀이라고도 하며 호흡의 흐름을 정확하게 알아차리면서 마음을 안정시키고 가라앉히는 수행법이다. 이 수행법은 마음의 안정과 집중[禪定]를 얻는 데 효과적이며, 모든 성향의 사람들이 닦을 수 있는, 부작용이 없는 보편적인 수행법으로 경전에 제시되어 있다. 하지만, 호흡에 대한 마음챙김은 다음 단계의 수행인 네 가지 마음챙김의 확립으로 나아가기 위한 단계의 수행이기도 하다. 호흡에 대한 마음챙김으로 마음이 안정되면, 네 가지 마음챙김의 확립으로 수행이 진전된다. 네 가지 마음챙김의 확립 수행은 다름 아닌 위빠사나 수행이며, 이 수행을 통해 일곱 가지 깨달음의 요소[七覺支]가 완성되고, 일곱 가지 깨달음의 요소의 완성에 의해서 지혜[明]와 자유[해탈]를 이루게 된다. 〈입출식념경〉에 제시되어 있는 수행의 첫 걸음은 자신의 호흡을 파악하면서 마음을 안정시키는 것이라면, 그 종착역은 네 가지 마음챙김의 확립에 의해서 얻어지는 지혜와 자유, 즉 괴로움의 소멸에 있는 것이다.

바른 마음집중[正定]

바른 마음집중의 정의

바른 마음집중이란 무엇인가?

마음이 하나의 대상에 집중되어 있는 상태[cittekaggatā 心一境性], 이것이 마음집중[三昧]이다.

* 가장 넓은 의미에서 생각할 때, '바른 마음집중'[正定 sammā-samādhi]이란, 모든 온전한 의식 상태[善心 kusala-citta]에 내재하고 있는 정신의 집중상태를 말하며, 최소한 바른 사유[正思惟, 두 번째 덕목], 바른 노력[正精進, 여섯 번째 덕목], 바른 마음챙김[正念, 일곱 번째 덕목]의 세 가지 덕목을 동반하고 있다. '잘못된 마음집중'[邪定 micchā-samādhi]이란 온전치 못한 의식 상태에 내재하고 있으며, 따라서 오직 감각적 욕망의 영역[欲界]에서만 있을 뿐 더 높은 영역[色界 또는 無色界]에서는 존재하지 않는다. 경전에서 마음집중[三昧 samādhi]이라는 말이 단독으로 쓰일 경우에는 항상 바른 마음집중을 의미한다.

바른 마음집중의 근거·조건·향상

네 가지 마음챙김의 확립[四念處], 이것이 마음집중의 근거[nimittā]이다. 네 가지 바른 노력, 이것이 마음집중의 조건이다.

이러한 법들을 실행하고, 닦으며, 계발하는 것, 이것이 마음집중의 향상[*bhāvanā*]이다.

《中部》44〈有明小經〉MN I 301.

* 바른 마음집중은 근접삼매近接三昧와 안지삼매安止三昧 또는 본삼매本三昧의 두 단계로 나뉜다. 근접삼매는 초선初禪에 들어가지 않으면서 초선에 접근해 가는 마음집중을 말하며, 안지삼매(본삼매)는 초선에서 사선四禪에 이르는 네 가지 선정禪定으로 대표되는 마음집중을 말한다. 이러한 선정은 다섯 감각기관의 영역[欲界]을 넘어서 있는 마음의 상태이며, 감각적인 세계로부터 멀리 떨어져 마음집중 수행에 꾸준하게 전념할 때에만 경험될 수 있다. 이러한 선정의 상태에서는 다섯 감각기관의 모든 활동은 정지된다. 눈으로 보거나 귀로 들어서 생기는 어떠한 느낌들도 선정의 상태에서는 생기지 않으며, 어떠한 육체적인 느낌도 느껴지지 않는다. 하지만 이렇게 외적인 모든 감각적인 느낌들이 없어졌다고 하더라도, 마음은 활동적이고, 아주 기민한 상태이며, 충분히 깨어 있다.

하지만 이러한 선정에 도달하는 것이 (수타원에서 아라한에 이르는) 네 부류의 성인의 깨달음[四果]를 얻는 데 필수적인 조건은 아니다. 근접삼매나 안지삼매에는 네 부류의 성인의 깨달음에 이르도록 하는 힘이 결여되어 있다. 따라서 선정에는 번뇌나 괴로움에서 영원히 벗어나게 해주는 힘이 정말로 없다. 현상적인 존재의 모든 흐름이 영원하지 못하고[無常], 안정되어 있지 못하며[苦], 영원한 나라고 할 만한 것이 없음[無我]을 통찰하는, 깊은 지혜(위빠사나)가 있을 때에야 비로소 네 부류의 성인의 깨달음은 실현될 수 있다. 이러한 통찰의 지혜는 안지삼매를 통해서가 아니라 근접삼매를 통해서만 얻을 수 있다.

(네 가지) 선정을 경험하지 않고서 네 부류의 성인의 깨달음 가운데 하나라도 얻은 사람을 일컬어 자신의 수행법으로 위빠사나만을 행하는 자라는 의미에서 마른 위빠사나 수행자(乾觀行者 sukkha-vipassaka) 또는 순수 위빠사나 수행자(純觀行者 suddha-vipassanāyānika)라고 한다. 이에 반해서 선정 수행을 닦은 후에 네 부류의 성인의 깨달음의 하나를 얻은 사람을 일컬어 자신의 수행법으로 선정을 의미하는 고요함[止 samatha]을 행하는 자라는 의미에서 사마타 수행자(止行者 samathayānika)라고 한다.[70]

---

70 《붓다의 말씀》의 편저자인 냐나틸로카 스님은 〈대념처경大念處經〉에 설해진 가르침을 중심으로 팔정도의 일곱 번째 덕목인 바른 마음챙김[正念]에 대한 긴 설명을 마친 후, 팔정도의 마지막 덕목인 바른 마음집중[正定]에 대해서 해설을 시작한다. 먼저 《중부》의 〈유명소경有明小經〉에 간단하게 설해져 있는 마음 집중[禪定]의 정의, 대상, 조건, 향상에 대한 부분을 제시한 후, 구체적으로 초선初禪에서 사선四禪의 의미에 대해서 정리하고 있다. 이번에는 〈유명소경有明小經〉의 간단한 내용과 그에 대한 냐나틸로카 스님의 해설을 번역해 보았다.
경전에 제시된 마음집중[삼매]에 대한 정의는 가장 일반적인 정의로 알려져 있는 정의이다. 즉 '마음이 하나의 대상에 집중되어 있는 상태'가 그 정의이다. 다음으로 마음집중의 대상으로서 사념처四念處가 제시되어 있는 점에는 약간의 주의가 필요하다고 생각된다. 본래 사념처 수행은 지혜의 계발과 직결되어 있어 위빠사나 수행의 내용이 되어 있음은 이제까지 살펴본 바른 마음챙김[正念]에 대한 해설을 참조하면 알 수 있다.
선정과 지혜 또는 지止와 관觀, 사마타samatha와 위빠사나vipassanā로 대표되는 불교의 두 수행법의 대상이 동일하게 사념처四念處로 제시되어 있다는 점에서 우리는 선정 수행과 지혜 수행의 공통의 기반을 확인할 수 있다. 몸·느낌·마음·심신의 여러 가지 현상[身·受·心·法]인 네 가지 마음챙김의 대상 자체가 선정 수행을 위한 대상인 동시에 지혜 수행을 위한 대상이 된다는 점에서 우리는 이 두 가지 수행법이 서로 깊은 관계에 있음을 알 수 있다. 이 사실은 《법구경法句經》의 다음 시구에서도 확인된다.

지혜가 없는 자에게는 선정이 없고,
선정이 없는 자에게는 지혜가 없다.
선정과 지혜를 갖춘 자, 그에게 열반은 가까이 있다.   Dhp 372

네 가지 마음집중[四禪]

(1) 초선初禪

비구들이여, 비구는 모든 감각적인 욕망을 떨어버리고, 모든 온전치 못한 법들[不善法]을 떨쳐 버리고 (마음집중의 대상에 대한) 향하는 생각[尋]과 머무는 생각[伺]⁷¹이 있고, (감각적인 욕망 등에서) 멀리 떠남에 의해서 생겨난 희열[喜 pīti]과 행복[樂 sukha]

선정과 지혜가 사념처를 공통의 기반으로 하고 있으며, 이 두 수행법은 상호 보완적인 작용을 하고 있음을 이해한다면 선정 수행을 위주로 하는 수행법과 지혜 수행을 위주로 하고 있는 수행법은 서로 뗄 수 없는 관계임을 알 수 있다. 냐나틸로카 스님의 해설에서 볼 수 있듯이, 지혜 수행을 의미하는 위빠사나 수행을 하는 자에게는 사선四禪으로 대표되는 안지삼매가 아닌 사선에 가까이 접근하는 근접삼매가 지혜의 직접적인 조건으로서의 선정의 역할을 한다. 즉, 사선의 본삼매를 경험하지 않더라도 근접삼매라는 선정이 지혜의 조건으로 작용한다는 것이다.

근접삼매란 초선에서 사선에 이르는 완전한 선정의 상태에 이르기 직전의 선정의 상태이다. 조금은 이해하기 어려운 전문적인 선정론이지만 위빠사나 수행의 바탕이 되는 선정은 근접삼매라고 이해한다면 크게 무리가 없다고 생각한다. 일단 위빠사나 수행에도 선정이 필요하며, 그 선정은 근접삼매라고 이해해두자. 실제로 위빠사나 수행을 하는 자에게도 사선을 수행할 때 경험되는 선지(禪支: 선정의 구성요소)가 경험되는 것은 위빠사나 수행에 근접삼매가 바탕이 되어 있기 때문이다.

다시 정리하면 불교의 수행법의 두 날개인 선정과 지혜, 사마타[止]와 위빠사나[觀]는 상호보완적인 관계에 있으며, 사념처를 공통의 기반으로 하고 있음을 알 수 있다. 이것이 붓다의 가르침에 의거한 수행법의 가장 원초적인 형태이다.

71 '거친 사유'와 '미세한 사유'로 번역했던 심사尋伺를, 명상대상으로 '향하는 생각'과 명상대상에 '머무는 생각'으로 수정한다. '일으킨 생각'과 '지속적 고찰', '사유'와 '고찰' 등으로도 번역된다.

이 있는 첫 번째 마음집중[初禪]을 성취하여 거기에 머문다.

《長部》22〈大念處經〉DN II 313.

* 이것이 미세한 물질세계[色界]에 속하는 마음집중[禪定]의 첫 번째 단
계이다. 이 초선은 마음집중의 힘과 다섯 감각기관의 활동의 일시적인
정지와 다섯 가지 덮개[五蓋]의 일시적인 소멸을 통해서 얻어진다.

벗들이여, 첫 번째 마음집중[初禪]에는 (좋지 않은) 다섯 가지 요
소[五蓋]가 끊어지고, (좋은) 다섯 가지 요소[五禪支]가 갖추어진다.

오개五蓋의 사단捨斷

벗들이여, 여기에 첫 번째 마음집중에 도달한 비구에게는 (1)
감각적 욕망에의 희구[kāmacchanda]가 끊어진다. (2) 악의[惡意
byāpāda]가 끊어진다. (3) 혼침과 졸음[thīna-middha]이 끊어진
다. (4) 들뜸과 회한[uddhacca-kukkucca]이 끊어진다. (5) 회의적
인 의심[vicikicchā]이 끊어진다.

오선지五禪支의 구족具足

첫 번째 마음집중에 도달한 비구에게는 (1) 향하는 생각[尋
vitakka] (2) 머무는 생각[伺 vicāra] (3) 희열[喜 pīti] (4) 행복[樂
sukha] (5) 하나의 대상에 집중된 마음[心一境性 cittekaggatā]이

작용한다.

《中部》43〈有明大經〉MN I 294.

* 첫 번째 마음집중[初禪]에서 작용하는 다섯 가지 심리현상을 초선의 다
  섯 구성요소라고 한다. 그 가운데 향하는 생각[尋 vitakka]과 머무는 생
  각[伺 vicāra]은 마음의 언어작용[語行 vaci-saṅkhāra]이라 한다. 따라서 이
  두 가지는 의식의 이차적인 것으로 여겨진다. 《청정도론淸淨道論》에 의
  하면, 향하는 생각[尋 vitakka]은 물병을 잡는 행위에 비유되고, 머무는
  생각[伺 vicāra]은 잡은 물병을 닦는 행위에 비유된다. 초선에서는 이 두
  가지가 함께 작용하고 있지만, 수행의 대상에 마음이 완전히 몰입되어
  있을 때, 머무는 생각은 산만함이 없어지고 탐색하는 성질을 가지게
  된다. 이 두 가지 초선의 요소는 제2선第二禪 이후에는 완전히 없어진다.

(2) 제2선第二禪

다시 비구들이여, 향하는 생각[尋]과 머무는 생각[伺]이 가라
앉고 마음의 정결함sampasādana과 하나된 상태ekodi- bhāva인,
향하는 생각이 없고[無尋] 머무는 생각도 없는[無伺] 마음집중
samādhi에서 생긴 희열과 행복이 있는 제2선第二禪을 성취하여
머문다.

《長部》22〈大念處經〉DN II 313.

제2선을 구성하는 요소는 희열[喜], 행복[樂] 그리고 심일경성心一境性이다.

《分別論》〈禪定分別〉 Vibh 263.

(3) 제3선第三禪

다시 비구들이여, 희열을 버리고, 평정[捨 *upekkhā*]에 머문다. 마음챙김[正念 *sato*]과 분명한 앎[正知 *sampajāno*]을 지니고, 몸으로 행복을 경험하면서, 성자들이 '평정과 마음챙김을 지니고 행복에 머문다.'고 한 제3선第三禪을 성취하여 머문다.

《長部》 22 〈大念處經〉 DN II 313.

제3선을 구성하는 요소는 행복[樂]과 심일경성心一境性이다

《分別論》〈禪定分別〉 Vibh 264.

(4) 제4선第四禪

다시 비구들이여, 비구는 행복[樂]을 떠나고 괴로움[苦]도 떠나고, 그 이전에 이미 기쁨과 슬픔을 없애버린, 불고불락不苦不樂인 그리고 평정[捨]에 의한 마음챙김의 청정함이 있는 (또는 평정과 마음챙김이 청정하게 된 捨念淸淨, *upekkhā-sati-pārisuddhi*) 제

4선第四禪을 성취하여 머문다.

《長部》22〈大念處經〉DN II 313.

제4선을 구성하는 요소는 평정[捨]과 심일경성心一境性이다.

《分別論》〈禪定分別〉Vibh 264.

비구들이여, 이것을 바른 마음집중[正定]이라고 한다.

《長部》22〈大念處經〉DN II 313.

* 《청정도론》에는 40가지 선정 수행 주제[業處]가 제시되어 자세하게 설
명되어 있다. 이 수행 주제를 제대로 닦으면 다음의 선정의 결과를 기
대할 수 있다.

4선四禪: 호흡에 대한 마음챙김[入出息念], 열 가지 카시나[十遍] 수행, 네
가지 거룩한 마음가짐[四梵住] 가운데 평정의 거룩한 마음가짐[捨梵住]

초선, 제2선, 제3선: 네 가지 거룩한 마음가짐[四梵住] 가운데 자애·연
민·더불어 기뻐함의 거룩한 마음가짐[慈·悲·喜梵住]

초선: 10가지 부정관不淨觀, 몸의 32가지 부분에 대한 마음챙김[念身]

근접삼매近接三昧: 여섯 가지 마음챙김[六隨念: 불·법·승佛法僧, 계戒, 사捨,
천天], 열반에 대한 마음챙김[寂止隨念], 죽음에 대한 마음챙김[死念], 음
식을 싫어하는 생각[食厭想], 네 가지 요소(四大:地·水·火·風)에 대한 분석[四
界區別].

4무색정四無色定: 4선을 바탕으로 하여, 각각의 명칭에 따른 선정의 주
제를 닦아서 다음의 4무색정을 얻는다. 공무변처정空無邊處定, 식무변
처정識無邊處定, 무소유처정無所有處定, 비상비비상처정非想非非想處定.

선정 수행의 40가지 주제에 대해서 청정도론의 3장에서 13장에 자세히 다루어져 있다.[72]

비구들이여, 마음집중[三昧]을 닦아야 한다. 비구들이여, 마음이 잘 집중되어 있는 비구는 있는 그대로 분명히 안다. 무엇을 있는 그대로 분명히 아는가? 물질[色]의 발생과 소멸, 느낌[受]의 발생과 소멸, 지각[想]의 발생과 소멸, 형성[行]의 발생과 소멸, 의식[識]의 발생과 소멸을 있는 그대로 분명히 안다.

《相應部》 22:5 〈三昧〉 SN III 13.

---

72 위에서 제시된 바와 같이 팔정도의 마지막 덕목인 바른 마음집중[正定]에 대한 설명은 사선四禪에 대한 해설이 중심 내용을 이루고 있다. 냐나틸로카 스님은 《청정도론》등을 참조하면서 선정수행에 대해서 조금은 전문적인 설명을 부가하고 있다. 40가지 선정 수행의 주제와 각 수행의 주제에 의해서 얻어지는 선정의 단계에 대해서는 어느 정도 전문적인 지식이 요구된다.

사선四禪으로 대표되는 마음집중은 지혜의 계발을 위한 조건으로서 제시되지만 앞에서도 언급했듯이 선정과 지혜, 사마타와 위빠사나라는 두 가지 수행법은 어느 한쪽이 없으면 다른 한쪽도 있을 수 없는 상호의존적인 관계에 있음을 다시 한 번 상기해두자. 선정 수행에 동반되는 분명한 앎[正知]은 처음에는 힘이 약하더라도 지혜의 역할을 하며, 선정에 의해 잘 안정된 마음을 바탕으로 해서 사물(자신과 세계)을 있는 그대로 이해하는 성숙한 지혜가 생겨나는 것이다.

불교의 목표는 인간의 무지와 갈망[苦集聖諦]에 기인하고 있는, 인간의 삶의 저변에 깔려 있는 삶의 불안[苦聖諦]을 뿌리째 없애어, 흔들리지 않는 행복인 열반[苦滅聖諦]을 성취하는 것이다. 이 목표에 도달하기 위한 수행법[苦滅道聖諦]이 바로 선정과 지혜라는 불교의 입장을 분명히 이해한다면, 이 책에서 정리된 팔정도의 전체적인 틀을 간단하게 정리할 수 있을 것이다.

물질의 무더기[色蘊], 느낌의 무더기[受蘊], 지각의 무더기[想蘊], 형성의 무더기[行蘊], 의식의 무더기[識蘊]를 직접적 지혜로 [abhiññā] 철저히 알아야 한다(pariññeyyā). 무지[無明]와 존재에 대한 갈망[有愛]을 직접적 지혜로 끊어버려야 한다(pahātabbā). 마음의 고요[止: 禪定]와 위빠사나[觀: 智慧]를 직접적 지혜로 닦아야 한다(bhāvetabbā). 앎[明]과 자유[解脫]를 직접적 지혜로 실현해야 한다(sacchikātabbā).

《中部》149 〈六處大經〉 MN III 289~290.

비구들이여, 이것이 여래가 깨닫고, 중생들로 하여금 보게 하고, 알도록 한 중도中道 majjhimā paṭipadā이다. 이 중도에 의해서 적정寂靜과 뛰어난 지혜와 깨달음과 열반에 이른다.

《相應部》56:11 〈如來所說〉 SN V 421.

그대들이 이 길을 따르면, 괴로움의 끝dukkhassa antaṃ을 이룰 것이다.

《法句經》Dhp 275.

3장.
수행의 단계에서
팔정도의 점진적인 향상

1. 신심과 바른 사유[正思惟]- 두 번째 덕목

비구들이여, 이런 이유로 여래, 공양 받을 만한 분[阿羅漢 *arahaṁ*]이며, 완전히 깨달으신 분[正等覺者 *sammāsambuddho*]이며, 지혜와 실천을 갖추신 분[明行足 *vijjācaraṇasampanno*]이며, [최상의 행복인 열반에] 잘 도달하신 분[善逝 *sugato*]이며, 세간을 아시는 분[世間解 *lokavidū*]이며, 위없는 조어장부[無上調御丈夫 *anuttaro purisadamma-sārathi*]이며, 천신과 인간의 스승[天人師 *satthā deva-manussānaṁ*]이며, 깨달으신 분[佛 *buddho*]이며, 존귀한 분[世尊 *bhagavā*]이 세상에 출현한다.

그는 이 천신을 포함한 세계, 마라[惡魔]를 포함한 세계, 범천을 포함한 세계, 사문과 바라문을 포함한 세계, 하늘과 인간을 포함한 세계를 스스로 자신의 직접적인 지혜에 의해서 깨달았다고 선언한다. 그는 처음도 좋고, 중간도 좋으며, 마지막도 좋은, 의미를 갖추고 있고, 문장이 잘 이루어진 법을 설하며, 완전하게 청정한 삶[梵行]을 보여준다.

부자[長者]나 그 아들이나 다른 가계 출신의 사람이 [부처님이 설하신] 이 법을 듣는다. 그는 이 법을 듣고 여래에 대한 신심 信心을 가지게 된다. 그는 이렇게 신심을 가지게 되었을 때 다음과 같이 생각한다. '세속에서의 삶은 번잡하며 [번뇌의] 먼지투성이다. 하지만 출가는 탁 트인 공간이다. 세속에 살면서 완전하게 갖추어진 청정한 삶[梵行]을 산다는 것은 쉽지 않다. 이제 나는 머리와 수염을 깎고 가사[法衣]를 걸치고 집에서 나와서 집 없는 출가를 하자.'라고. 얼마 후에 그는 적거나 많거나 자신의 재산을 버리고, 적거나 많거나 친척들을 떠나서 머리와 수염을 깎고, 가사를 걸치고, 집에서 나와서 집 없는 출가를 한다.

2. 계戒 - 세 번째, 네 번째, 다섯 번째 덕목

바른 행위[正業]

그는 이와 같이 출가하여 출가 수행자[比丘]가 익혀야 할 생활규정을 잘 지키며, 살생을 버리고 살생에서 멀리 떠나 있다. 몽둥이와 칼을 버리고 부끄러워하는 마음을 지니고, 동정심을 품으며, 모든 생명 있는 존재에 대해서 자비의 마음을 지니고서 지낸다.(不殺生)

주지 않는 것을 취하는 것을 버리고 주지 않는 것을 취하는 것에서 멀리 떠나 있으며, 주어질 때까지 기다려서 주어진 것만을 받으며 훔치지 않은 깨끗한 물건으로 지낸다.(不偸盜)

청정하지 못한 삶[非梵行]을 버리고 청정한 삶[梵行]을 살며, 멀리 떨어져 홀로 지내며, 재가자의 속성인 음욕을 버리고 지낸다.(不邪淫)

바른 언어[正語]

거짓말을 버리고 거짓말에서 멀리 떠나, 진실을 말하고, 진실을 지키며, 신용 있고, 신뢰감이 있어서 세상 사람들을 속이지 않는다.(不妄語)

이간질하는 말을 버리고, 이간질하는 말에서 멀리 떠나, 이 사람에게서 들은 말을 이간질하기 위해서 저 사람에게 옮기지 않으며 또는 저 사람에게서 들은 말을 이간질하기 위해서 이 사람에게 옮기지 않는다. 이처럼 그는 서로 사이가 벌어진 사람들을 다시 사이좋게 화해시키는 사람이며, 화합을 도모하는 사람이다. 서로 잘 따르고 화합하는 것을 좋아하고 화합을 즐기며, 화합을 기뻐하고, 화합에 이르게 하는 말을 한다.(不兩舌)

거친 욕설을 버리고 거친 욕설에서 멀리 떠나 있다. 부드럽고, 들어서 즐거우며, 마음에 와 닿는 사랑스러운 말, 예의 바른 말을 하며, 많은 사람들이 원하며, 많은 사람들이 공감하는 이러한 말을 한다.(不惡口)

꾸미는 말을 버리고 꾸미는 말에서 멀리 떠나 있다. 그는 말해야 할 때 말하는 자, 사실을 말하는 자, 의미 있는 말을 하는 자, 법을 말하는 자, 율을 말하는 자이다. 말해야 할 때에 기억할 가치가 있는 말, 근거가 있는 말, 적절하고 유익한 말을 한다.(不綺語)

바른 생계[正命]

그는 모든 씨앗과 식물을 해치는 일을 하지 않는다. 하루 한 번의 식사를 하며, 밤에 먹는 것을 삼가며, 정해진 시간 외에는 음식을 취하지 않는다[非時不食]. 노래하고 춤추고, 음악을 듣고, 연극 등을 보는 일을 하지 않는다. 꽃다발을 지니고, 향수를 바르며, 연고를 사용하여 꾸미지 않는다. 높고 큰 침상을 사용하지 않는다. 금은을 받아 지니지 않는다. 익히지 않은 곡식을 받지 않는다. 익히지 않은 육류를 받지 않는다. 여인이나 소녀를 받지 않는다. 남자 노예나 여자 노예를 받지 않는다. 염소나 양을 받지 않는다. 닭이나 돼지를 받지 않는다. 코끼리, 소, 말을 받지 않는다. 논밭이나 토지를 받지 않는다. 임무를 수행하는 사절使節이 되지 않는다. 사거나 파는 일을 하지 않는다. 무게를 속이거나 화폐를 속이거나 저울을 속이지 않는다. 사기, 속임수, 횡령, 농간 등을 하지 않는다. 상처를 입히고, 때리고, 묶고, 약탈하고, 빼앗고, 폭행하는 일을 하지 않는다.

그는 가사로 몸을 가리는 것으로 만족하고, 걸식으로 허기를 채우는 것으로 만족하며, 어디를 가든지 오직 이 두 가지 일 만을 지닌다. 마치 나는 새가 두 날개만을 지니고 날아다니듯이, 비구는 몸을 가리는 가사와 배를 채워주는 걸식한 음식으로 만족하면서 어디를 가든지 이 두 가지만을 지니고 다닌다.

그는 이러한 고귀한 규범[戒]의 덕목들을 잘 갖추고 비난받지 않는 즐거움을 마음으로 느낀다.[73]

《中部》38〈愛盡大經〉MN I 267~268.

---

73 냐나틸로카 스님은 사성제와 팔정도의 개개의 설명을 마친 후, 몇몇 경전에서 수행의 향상과 그 결과에 대한 부분을 정리하면서 본서의 결론으로 삼고 있다. 먼저 《중부》의 〈애진대경愛盡大經〉의 내용으로 팔정도의 전체적인 실천 과정을 정리하고 있다. 붓다에 대한 신심과 출가에의 결심[正思惟] 그리고 출가한 후의 바른 행위[正業]와 바른 언어[正語] 그리고 일상생활 규범으로서의 바른 생계[正命]가 제시되었다.

3. 감각기관의 제어[正精進] – 여섯 번째 덕목

그 비구는 눈[시각기관]으로 대상[色]을 볼 때, 전체적인 특징이나 세부적인 모습에 집착해서 그 대상을 보려고 하지 않는다. 만일 그가 눈을 제어하지 않은 상태로 (대상을 보고) 있다면, (그 대상에 대해) 탐착하거나 싫어하는 등의 좋지 않은 마음 상태[不善法]가 생겨나게 될 것이다. 하지만 그에게는 (감각기관을) 제어하는 마음이 활동하고 있으며, 눈의 감각기관을 잘 보호하며, 눈의 감각기관을 제어하고 있다.

귀[청각기관]로 소리를 들을 때, 코[후각기관]로 냄새를 맡을 때, 혀[미각기관]로 맛을 볼 때, 몸[촉각기관]으로 감촉을 느낄 때, 마음[사고기관]으로 마음의 현상[法]에 대해서 인식할 때, 전체적인 특징이나 세부적인 모습에 집착해서 그 대상을 파악하지 않는다. 만일 그가 귀(코, 혀, 몸, 마음의 감각기관)를 제어하지 않은 상태로 (소리를 듣고, 냄새를 맡고, 맛을 보고, 감촉을 느끼고, 인식을 하고) 있다면, (그 대상에 대해) 탐착하거나 싫어하는 등의 좋지 않은 마음 상태[不善法]가 생겨나게 될 것이다. 하지만 그에게는 (감각기관을) 제어하는 마음이 활동하고 있으며, 귀 등의 감각기관을 잘 보호하며, 귀 등의 감각기관을 제어하고 있다.

그는 이러한 고귀한 감각기관의 제어를 잘 갖추고 비난받지 않는 즐거움을 마음으로 느낀다.

4. 바른 마음챙김[正念]과 분명한 앎[正知]
– 일곱 번째 덕목

　그는 앞으로 나아갈 때나 뒤로 돌아갈 때도, 분명한 앎을 지니며, 앞을 볼 때나, 주위를 볼 때도 분명한 앎을 지니며, (팔다리를) 구부리거나 펼 때에도 분명한 앎을 지니며, (탁발을 하기 위해서) 가사(승복)를 수하고(옷을 입고), 발우를 들 때도 분명한 앎을 지니며, 먹고 마시고 씹고 맛볼 때도 분명한 앎을 지니며, 대소변을 볼 때도 분명한 앎을 지니며, 가고, 서고, 앉을 때에도, 잠자리에 들고, 잠에서 깨어날 때에도, 말하거나, 침묵을 하고 있을 때에도 분명한 앎을 지닌다.

5. 바른 마음집중[正定] - 여덟 번째 덕목

이러한 고귀한 규범[戒]의 덕목들과 고귀한 감각기관의 제어와 올바른 마음챙김[正念]과 분명한 앎[正知]을 잘 갖추고 그는 인적이 드문 조용한 곳(아란냐), 나무 아래, 산속의 협곡, 산속의 바위굴, 묘지, 나무가 울창한 숲, 노지露地, 짚단을 쌓아놓은 곳과 같은 사람들의 왕래가 드문 조용한 곳을 정하여 그곳에서 지낸다. 걸식(탁발)에서 돌아와 음식을 먹고, 가부좌를 하고 허리를 곧게 펴고 전면前面에 마음챙김[正念]을 확립하고 앉는다.

(1) 탐욕의 극복

그는 세간사에 대해서 탐욕을 버리고, 탐욕이 없는 마음으로 지낸다. 그는 탐욕으로부터 자신의 마음을 맑게 한다.

(2) 분노의 극복

그는 세간사에 대해서 분노를 버리고, 분노가 없는 마음으로 지낸다. 그는 모든 생명 있는 존재들에 대하여 사랑과 연민의 마음을 지니고 분노로부터 자신의 마음을 맑게 한다.

(3) 혼침과 졸음의 극복

그는 혼침과 졸음을 버리고, 혼침과 졸음이 없는 마음으로 지낸다. 그는 광명상(光明想: 빛을 떠올리면서 마음이 혼미해지고 잠에 빠지는 것을 극복하기 위한 수행법)을 지니고, 마음챙김과 분명한 앎을 지니고 혼침과 졸음으로부터 자신의 마음을 맑게 한다.

(4) 들뜸과 우울의 극복

그는 들뜸과 우울을 버리고, 들뜸이 없고 내적으로 고요한 마음으로 지낸다. 그는 들뜸과 우울로부터 자신의 마음을 맑게 한다.

(5) 회의적인 의심의 극복

그는 회의적인 의심을 버리고, 좋은 법[善法]에 대하여 의심하는 마음이 없이 지낸다. 그는 회의적인 의심으로부터 자신의 마음을 맑게 한다.

첫 번째 마음집중[初禪]

그는 지혜를 무력하게 하는 이 다섯 가지 덮개[五蓋]라는 번뇌를 버린 후, 모든 감각적인 욕망을 떨어버리고, 모든 좋지 않은 법들[不善法]을 떨쳐 버리고 (명상대상에 대한) 향하는 생각

[尋]과 머무는 생각[伺]이 있고, (감각적인 욕망 등에서) 멀리 떠남에 의해서 생겨난 희열[喜]과 행복[樂]이 있는 첫 번째 마음집중[初禪]을 성취하여 거기에 머문다.

두 번째 마음집중[第二禪]

다시 그는 향하는 생각[尋]과 머무는 생각[伺]이 가라앉고 마음의 정결함과 하나된 마음인, 향하는 생각이 없고[無尋] 머무는 생각이 없는[無伺], 마음집중에서 생긴 희열과 행복이 있는 제2선第二禪을 성취하여 머문다.

세 번째 마음집중[第三禪]

다시 그는 희열을 버리고, 평정[捨]에 머문다. 마음챙김[正念]과 분명한 앎[正知]을 지니고, 몸으로 행복을 경험하면서, 성자들이 '평정과 마음챙김을 지니고 행복에 머문다'고 한 제3선第三禪을 성취하여 머문다.

네 번째 마음집중[第四禪]

다시 그는 행복[樂]을 떠나고 괴로움[苦]도 떠나고, 그 이전에 이미 기쁨과 슬픔을 없애버린, 불고불락不苦不樂인 그리고 평정 [捨]에 의한 마음챙김의 청정함이 있는 (또는 평정과 마음챙김이 청정하게 된: 捨念淸淨) 제4선第四禪을 성취하여 머문다.

《中部》38〈愛盡大經〉MN I 269~270.

6. 바른 견해[正見: 위빠사나] – 첫 번째 덕목

그 어떠한 물질[色], 느낌[受], 지각[想], 형성[行], 의식[識]이 있다 하더라도 그 현상[法]들을 그는 영원하지 못한 것[無常], 괴로움[苦], 견고하지 못한 것, 질병, 가시, 고난, 짐, 적, 방해자, 실체가 없는 것[空], 무아無我라고 하는 관점에서 본다. 그리고 그는 이러한 현상들로부터 마음을 돌린다. 이러한 현상들로부터 마음을 돌린 후, '이것은 고요함이고, 이것은 수승한 것이다. 즉 모든 형성[諸行]의 정지, (윤회의 뿌리인) 모든 집착[upadhi]의 버림, 갈망[愛]의 소멸, 탐욕의 버림[無貪 virāga], (모든 괴로움의) 소멸, 열반인' 불사不死의 영역에 마음을 둔다. 그는 이러한 상태에서 모든 번뇌의 소멸을 이룬다.

《增支部》 9:36 〈靜慮〉 AN IV 424.

7. 열반涅槃

이와 같이 보는 그는 감각적인 욕망의 번뇌[慾漏]로부터 마음
이 자유로워지고, 존재의 번뇌[有漏]로부터 마음이 자유로워지
고, 무지의 번뇌[無明漏]로부터 마음이 자유로워진다[解脫]. 마
음이 자유로워졌을 때, '자유로워졌다'라는 앎과 봄이 있고[解
脫知見] '윤회는 끝났다. 청정한 삶[梵行]은 완성되었으며, 해야
할 일은 해 마쳤고, 이 세상에서 해야 할 일은 더 이상 남아있
지 않다.'고 그는 안다.

《中部》39〈馬邑大經〉MN I 279.

나는 흔들리지 않는 (마음의) 자유(akuppā me vimutti)를 이루
었다. 이생은 내가 태어난 마지막 생이며, 또 다른 생은 없다.

《中部》26〈聖求經〉MN I 167.

비구들이여, 모든 괴로움의 소멸에 대한 앎, 이것은 실로 최
상의 고귀한 지혜이다. (…) 비구들이여, 탐욕, 성냄, 무지[貪瞋
癡]의 적정寂靜 upasama, 이것은 실로 최상의 고귀한 적정이다.

《中部》140〈界分別經〉MN III 246.

8. 아라한

　비구들이여, '나는 있다'라는 생각은 허망한 생각이다. '이것은 나다'라는 생각은 허망한 생각이다. '나는 이렇게 될 것이다'라는 생각은 허망한 생각이다. '나는 이렇게 되지 않을 것이다'라는 생각은 허망한 생각이다. 허망한 생각은 종기이며, 질병이고, 가시이다. 하지만 이러한 모든 허망한 생각을 극복하면 그는 침묵의 성자*muni*라고 한다. 이 침묵의 성자에게는 더 이상 (윤회하여) 태어나는 것도 없고, 죽는 것도 없으며, 떨리는 것도 없고, 욕망하는 것도 없다. 왜냐하면 그에게는 그 어떤 것(번뇌와 무명)이 있어서 그것에 의해서 태어나야 할 것이 없기 때문이다. 태어나는 것이 없는데 어떻게 나이를 먹어 늙겠는가? 늙는 것이 없는데 어떻게 죽음이 있겠는가? 죽음이 없는데 어떻게 떨리는 것이 있겠는가? 떨리는 것이 없는데 어떻게 욕망하는 것이 있겠는가?

《中部》140 〈界分別經〉 MN III 246.

9. 청정한 삶[梵行]의 진정한 목적

비구들이여, 청정한 삶의 목적은 재물, 명예, 명성을 얻는 것이 아니며, 계戒, 정定, 지견知見을 얻는 것이 아니다. 비구들이여, 흔들림이 없는 마음의 자유[不動의 心解脫 akuppā cetovimutti]가 청정한 삶의 목적이며, 핵심이며, 궁극의 도달점이다.

《中部》29 〈心材喩大經〉 MN I 197.

과거의 어떠한 아라한, 완전히 깨달은 분[正等覺者]이라 하더라도 그러한 세존들이 자신의 제자인 비구 상가에게 가르친 (수행의) 목적이 있다. 바로 그와 같은 (수행의) 목적을 지금 내가 나의 비구 상가에게 가르친다. 미래의 어떠한 아라한, 정등각자라 하더라도 그러한 세존들이 자신의 제자인 비구 상가에게 가르칠 (수행의) 목적도 이와 같다.

《中部》51 〈칸다라카經〉 MN I 339.

하지만 아난다여, (내가 완전한 열반에 들어간 후에) 너희들이 다음과 같이 생각할지 모르겠다. '스승의 가르침은 없어졌다. 우리에게는 더 이상 스승은 없구나'라고. 그러나 그렇게 생각해서는 안

된다. 내가 입멸入滅한 후에는 내가 너희들에게 가르치고 제시해 준 법(法: 교리)과 율(律: 계율)이 너희들의 스승이 될 것이다.

《長部》16〈大般涅槃經〉DN II 154.

그러므로 아난다여, 자신을 섬(또는 등불)으로 삼고, 자신을 피난처로 삼아야지 다른 것을 피난처로 삼아서는 안 된다. 법을 섬(또는 등불)으로 삼고, 법을 피난처로 삼아야지 다른 것을 피난처로 삼아서는 안 된다.

《長部》16〈大般涅槃經〉DN II 100.

비구들이여, 내가 깨달아 너희들에게 가르친 이 법을 너희들은 잘 간직하고, 잘 보존하고, 잘 닦으며, 자주 실행하여야 한다. 그리하여 많은 이들의 유익함과 행복을 위해서, 세상에 대한 연민으로, 천상의 천신들과 인간들의 이익과 유익함과 행복을 위해서 이 청정한 삶[梵行]이 잘 유지되고 오래 지속되도록 하여야 한다.[74]

《長部》16〈大般涅槃經〉DN II 120.

---

[74] 《중부》의 〈애진대경愛盡大經〉을 중심으로 팔정도의 전체적인 실천 과정 가운데에서 바른 마음집중[正定]이라는 덕목까지 정리한 후, 냐나틸로카 스님은 바른 견해[正見]는 곧 다섯 가지 무더기[五蘊]의 무상無常·고苦·무아無我임을 바로 꿰뚫어 보는 것[위빠사나]이라고 하는 《증지부》 경전을 제시한다. 그러고는

불교의 궁극적인 목적은 불사不死인 열반, 모든 괴로움이 소멸한 열반임을 확인한 후, 〈열반경〉에서 부처님께서 아난 존자에게 말씀하신 자주自洲[自燈明]·법주法洲[法燈明]의 가르침으로 본서를 마무리 짓는다.

자신을 섬[등불]으로, 자신을 의지처[피난처]로 삼으라고 할 때의 '자신'은 법에 의해서 잘 제어되고 닦여진 '자신의 마음'이라고 보아야 할 것이다. 번뇌와 고뇌로 가득한 범부의 마음이 법에 의해서 잘 길들여지고, 번뇌와 고뇌가 극복된 자기 자신이야말로 자기의 의지처이며 피난처라고 하신 부처님의 말씀을 명심해야 할 것이다.

모든 존재들이 행복하기를

1906년 독일어로 1907년에 영어로 출간된 이 책은 2500년 이 지난 부처님의 가르침을 잘 정리하여 우리에게 전해주고 있습니다. 부처님이 가르쳐 주신 진리란 시간에 구애받지 않고 우리의 삶을 비추어 주고 이끌어 주고 있다는 것을 이 책의 내용을 읽으시는 독자들께서도 느끼시리라 생각합니다.

십여 년 전 서울, 상도동 약수암의 월보인 『약수법보』에 매달 연재하면서 조금씩 번역 정리하였고, 서너 해 전에 모두 모아 정리하면서 여러분들이 읽을 수 있도록 인터넷 등을 통해 공개해 온 이 책이 〈고요한 소리〉에서 이제야 출판할 수 있게 되어 감사하고 기쁘게 생각하면서도 한편으로는 부족한 제 번역으로 부처님의 말씀이 잘못 전해질까 걱정되는 마음이 듭니다. 많은 분들의 경책을 부탁드립니다.

번역할 때 일차적으로 영어본을 저본으로 하였고, 빠알리원전을 찾아보면서 수정, 보완하였습니다. 그 과정에서 PTS본의 자세한 위치 정보를 찾아서 추가하였습니다.

부처님의 가르침은 네 가지 고귀한 진리[四聖諦]로 포섭된다는 초기불교의 가르침에 의지하여 불교를 이해하고자 하는 모든 분들에게 이 책은 분명히 좋은 길잡이가 될 것입니다.

아시다시피 불교는 이론적인 이해만으로는 부족합니다. 이 책은 길 안내서일 뿐입니다. 가야 할 길, 올바른 여덟 갈래 길[八正道]은 우리 앞에 놓여 있습니다. 부처님은 다만 길을 가리키는 분이며, 우리는 그 길을 스스로 가야 한다는 법구경의 말씀처럼 조금씩 삶 속에 길을 가기를 기원할 뿐입니다.

이 책의 번역은 은사이신 현문玄門 스님의 관심과 지도가 있었기에 가능하였습니다. 스님께 마음으로 삼배 올립니다. 미얀마에서 위빠사나 수행을 할 때 수행의 길을 열어 주신 우 빤디따 스님께도 감사의 마음으로 삼배 올립니다. 일본에서 빠알리어와 산스크리트어 학습을 도와주신 여러 선생님께도 삼가 인사드리며, 항상 아끼는 마음으로 좋은 벗이 되어 준 미산 현광 스님, 지관 스님과 선배, 후배들께도 고마움을 전합니다.

또한 출판을 허락해 주신 〈고요한소리〉의 활성 스님과 관계자 여러분께도 감사드립니다.

부처님의 가르침은 지혜와 자비의 실천이라는 점을 되새기면서 이 책이 지혜를 열어 줄 수 있는 나침판이 되기를 기원합니다.

2001년 11월 30일
역자 삼가 씀

2판에 즈음하여

이 책이 나온 지 1년이 지나면서 재고가 얼마 남지 않았다는 소식을 들었고, 평소에 조금씩 수정과 보완을 해온 자료로 2판을 내게 되었습니다. 역주를 보충하였고, 본문도 조금 수정을 하였지만, 초판의 내용을 보완한 정도입니다. 번역에 아직도 부족한 점이 많이 있습니다. 더욱 정진하여 좀 더 나아지도록 노력하겠다는 다짐을 해봅니다.

2003년 7월 1일
역자

3판을 내며

3판을 준비하면서 약간의 번역어를 바꾸었고, 본문의 오자를 수정하였습니다. 본문의 오자를 지적해 주신 전채린 선생님과 〈고요한소리〉의 불자님께 감사드립니다.

2006년 2월 13일
역자

3판 교정판을 내며

3판 교정판에서는 하늘연꽃님이 오자에 대한 교정을 그리고 일부 번역 내용(156쪽의 타심통과 160쪽의 심념처)과 각주의 일부를 수정했고 번역용어를 통일하였습니다.

2007년 1월 7일
역자

4판을 내며

4판에서는 빠알리 원문에 비추어 새로 교정한 부분도 있고 새로운 각주도 일부 추가했습니다. 〈고요한소리〉 윤문팀의 불자님들이 수고해 주신 점 감사드립니다.

2015년 2월 10일
역자

4판 4쇄을 내며

4판 4쇄는 〈고요한소리〉 윤문팀의 도움을 받아 문장을 정리했으며, 2024년 8월까지 역자의 연구와 저역서를 추가하였습니다. 128쪽의 각주 47에 칸니 명상에 대한 설명을 추가하였습니다.

2024년 8월 5일
역자

편저자 및 역자 소개

냐나틸로카 스님(Nyanatiloka Mahathera)
1878년 2월 9일 독일 비스바덴Wiesbaden에서 태어났다. 본
명은 Aston Walter Florus Gueth이다.

불교를 배우기 위해 인도, 스리랑카를 거쳐 미얀마로 가서
1903년에 사미계를 받고 1904년에 독일인으로는 처음으로 비
구계를 받았다. 1905년 스리랑카로 건너온 스님은 1909년 도
단두와Dodanduwa의 Island hermitage를 만들어서 본격적인 저
술활동과 수행생활을 하였다. 1957년 5월 28일에 입적하였다.

대표적인 저서로는 《붓다의 말씀*The word of the Buddha*》을
포함해서 《청정도론》의 독어역 《*Visuddhimagga oder der Weg
zur Reinheit*》, 《불교사전*Buddhist dictionary*》, 《아비담마 입문
Guide through the Abhidhamma-pitaka》, 《해탈에의 길*Path to
Deliverance*》 등이 있다.

옮긴이 김재성은 1963년에 나서 서울대학교 철학과 및 동대
학원 석사과정을 졸업하고, 일본의 동경대학교에서 인도 및 남
방불교를 연구(석사 및 박사과정 수료)하였고, 1991년 미얀마
에서 하안거를 보낸 이후 위빠사나 수행과 함께 자애명상과 호
흡명상 등의 사마타 명상을 하고 있다. 법명은 정원正圓.

고려대장경연구소 연구원, 경전연구소 소장, 위덕대학교, 동
국대학교 선학과, 동방불교대학교 강사, 서울불교대학원대학교
불교학과 조교수, 서울대학교 철학과 강사, 대원불교대학 불교
상담심리치료학과 강사, 대한불교조계종 한국전통사상서 간행
위원회 선임연구원을 역임하면서, 남방불교 수행론 및 초기불
교, 인도불교, 빠알리어 및 산스크리트어, 불교와 심리를 강의
하였고, 천안 광덕에 위치한 위빠사나 수행처 호두마을의 지도
법사를 지냈다. 2002년 이후 대한불교 삼보회 삼보법회 법사로
첫째 일요일 정기 법회에서 초기불교를 강의해오고 있다.
　　현재(2024년 8월) 능인대학원대학교 명상심리학과 조교수로
재직하고 있으며, (사)한국명상지도자협회 안성지부, 자애통찰
명상원(명상의집 자애) 대표이다. 초기불교와 테라와다불교에
대한 교학적인 연구와 수행, 불교와 심리치료의 접목 등에 관심
을 가지고 연구 및 명상을 하고 있으며, 매년 여름과 겨울 자애
통찰명상 집중수련을 지도하고 있다. 2023년 1월 16일 이후,
100일 아침명상을 줌으로 진행하고 있다.

저서 및 번역서

《냐나띨로까 스님의 생애*The Life of Nyanatiloka Thera*》, 서울: 씨아이알, 2024.

《명상과 만나다》(공저), 서울: 도서출판 동국, 2024.

《자비과학 핸드북 : 자비의 정의와 과학적 접근*The Oxford Handbook of Compassion Science*》(공역), 서울: 학지사, 2023.

《알기쉬운 명상입문》(공저) 남양주시: 도서출판 한길, 2019.

《온정신의 회복: 마음챙김을 통한 자신과 세계 치유하기 *Coming to Our Sense*》(공역), 서울: 학지사, 2017

《자애: 행복을 위한 혁명적 기술*Lovingkindness: The Revolutionary Art of Happiness*》 샤론 살스버그 지음, 서울: 조계종출판사, 2017.

《자비, 깨달음의 씨앗인가 열매인가》(공저), 서울: 운주사, 2015

《마음챙김과 심리치료*Mindfulness and Psychotherapy*》 크리스토퍼 거머 외 편, 서울: 학지사, 2012.

《명상의 정신의학瞑想の精神医学》 안도 오사무 지음, 서울: 민족사, 2011.

《초기불교산책》1, 2, 서울: 한언, 2010.

《붓다의 러브레터*Lovingkindness: The Revolutionary Art of*

Happiness》샤론 살스버그 지음, 서울: 정신세계사. 2005.

《붓다의 말씀*The Wordof the Buddha*》냐나틸로카 엮음, 서울: 〈고요한소리〉, 2002, 2021(4판)

《위빠사나 수행*Vipassana Meditation*》사야도 우 자나카 (Sayadaw U Janaka), 서울: 경서원1998초판, 서울: 보리수선 원2002. 서울: 불광출판사2003, 2006(3쇄)

《위빠사나 입문》서울: 길상사, 1998.

《지금 이 순간 그대는 깨어있는가 – 우 빤디따 스님의 가르 침》, 서울: 〈고요한소리〉, 1992. 천안: 호두마을, 2002 개정 판 (《위빠사나 수행의 길》)

논문

초기불교 문헌에 나타난 자살 – 사례를 중심으로(2024), 초 기불교 교재의 구성과 내용(2021), 초기불교와 테라와다 불 교의 업과 윤회(2021), 한국의 사마타와 위빠사나 수행의 현 황(2019), 붓다가 가르친 자비(2015), Zen Therapy 어떻게 볼 것인가? – 불교학자의 입장에서(2013), 불교명상의 심리치 료에의 응용에 대한 연구: 최근 심리치료와 전통적 불교명상 에서 마음챙김의 위상을 중심으로(2012), 불교철학의 생명

사상: 초기불교를 중심으로(2011), 초기불교의 분노와 치유 (2010), 위빠사나 수행의 현대적 위상(2010), 초기불교의 번 뇌(2010), 명상연구의 역사와 현황(2009), 초기불교의 깨달 음과 사회참여 – 붓다의 재가자 교화를 중심으로(2009), 심 리치료로서의 불교(2007), 초기불교에서의 오정심관의 위치 (2006), 〈입출식념경〉에 나타난 수행법(2005), 마하시 수행 법과 〈대념처경〉(2005), 부파불교의 선정론 –《청정도론》을 중심으로(2005), 현대의 위빠사나 수행(2005), 상좌부와 유 부의 수행론 비교 – 염처를 중심으로(2004), 慧解脫について (2003), 순관(純觀, suddha-vipassanā)에 대하여(2002), 界差別 について – 南北雨阿毘達磨の修行道における位置づけ(1998), 南方上座佛教における修行の理論と實踐(1997), 태국과 미얀 마불교의 교학체계와 수행체계(1997), 일본의 초기불교 및 남방상좌부불교 연구의 역사와 현황(1995),《清淨道論》にお ける刹那定と近行定(1995).

metta4u@empal.com

https://band.us/@mettasati (자애통찰명상원 밴드)

This translation was possible
by the courtesy of the Buddhist Publication Society
54, Sangharaja Mawatha P.O. BOX61
Kandy, SriLanka

붓다의 말씀

초판	1쇄 발행 2002년 2월 20일
4판	4쇄 발행 2024년 9월 10일

엮은이	냐나틸로카 스님
옮긴이	김재성
펴낸이	하주락·변영섭
펴낸곳	(사)고요한소리

등록번호	제1-879호 1989. 2. 18.
주소	서울시 종로구 인사동길 47-5 (우 03145)
연락처	전화 02-739-6328 팩스 02-723-9804
	부산지부 051-513-6650 대구지부 053-755-6035
	대전지부 042-488-1689 광주지부 02-725-3408
홈페이지	www.calmvoice.org
이메일	calmvs@hanmail.net
ISBN	978-89-85186-62-9

값 7,000원